COLLECTION PRIER 15 JOURS

- Des **livres sources**
  – passer quinze jours avec un maître
  spirituel à la manière [...]
  ouvrent une brèche [...] notre univers quotidien.

- Des **livres pratiques**
  – un rappel biographique en début de volume
  – un itinéraire balisé en introduction
  – une entrée dans la prière répartie sur les quinze chapitres de l'ouvrage
  – pour aller plus loin, une bibliographie expliquée.

- Des **livres accessibles**
  – un ressourcement qui va à l'essentiel pour des chrétiens actifs
  – une information donnée de l'intérieur pour un public plus large.

Prier 15 jours avec
MARTHE ROBIN

DU MÊME AUTEUR

Maternité divine et Incarnation (Étude historique et doctrinale de saint Thomas à nos jours) Vrin, Paris 1949.

Initiation théologique, t. IV : *l'Incarnation*, Cerf, 2ᵉ édition, Paris 1975.

La Vierge Marie et le Saint-Esprit, Commentaire du chapitre VIII de *Lumen Gentium* (concile Vatican II), éd. P. Lethielleux, 2ᵉ édition, Paris 1975.

La Doctrine mariale du Père Kolbe (Esprit Saint et Conception Immaculée), éd. P. Lethielleux, 3ᵉ édition, Paris 1997.

On n'arrête pas la liberté, en collaboration avec Anne Chopinet et Jean-Marie Duthilleul, coll. « Axiale », éd. P. Lethielleux, Paris 1985.

S. Louis-Marie Grignion de Montfort, théologien de la Sagesse éternelle (au seuil du IIIᵉ millénaire), éd. Saint-Paul, Paris 1986.

Hors de la Femme point de salut ? éd. Mame, Paris 1991.

Marthe Robin sous la conduite de Marie (1925-1932), extraits de ses notes, éd. Saint-Paul, Paris 1995.

Entre Science et Religion (Quête du sens dans le monde présent), en collaboration avec Thierry Magnin, éditions du Rocher, Monaco 1998.

Prier 15 jours avec

MARTHE ROBIN

par Henri-Marie Manteau-Bonamy

TROISIÈME ÉDITION

Nouvelle Cité

Les textes déjà publiés dans *Marthe Robin sous la conduite de Marie,* ouvrage du même auteur publié par les éditions Saint-Paul en 1995, sont reproduits avec l'aimable autorisation de cet éditeur.

Nihil obstat
Jourdain Monnot, 1er octobre 1998
Philippe Toxé, 21 octobre 1998

Imprimi potest
Éric de Clermont-Tonnerre
Prieur provincial,
4 novembre 1998

Composition et couverture :
PAO Nouvelle Cité

Illustrations de couverture : p. 1, photo de Marthe Robin (Foyer de Charité, Châteauneuf-de-Galaure) ; p. 4, photo de l'auteur

© Nouvelle Cité, 1999
37, avenue de la Marne, 92120 Montrouge
ISBN 2-85313-340-0
ISSN 1150-3521

SOURCE DES TEXTES CITÉS

Dans mon ouvrage : *Marthe Robin, sous la conduite de Marie* (Saint-Paul, 1995), les textes de Marthe que j'ai cités proviennent de ceux qu'elle a dictés avant l'arrivée du père Finet (1936) et conservés jusqu'à sa mort dans le placard de sa chambre. J'ai été amené à en prendre connaissance et à les étudier, lorsque j'ai participé comme théologien au procès diocésain de béatification.

J'utilise la même source dans le présent ouvrage, mais en élargissant le choix des textes de façon à répondre à son objectif qui est de prendre Marthe comme modèle pour prier avec elle dans l'actualité de l'Église qui entre dans le grand Jubilé de l'An 2000.

L'analyse des « écrits » de Marthe Robin et les recherches sur la possibilité que certains s'inspirent d'autres auteurs spirituels se poursuivent. Dans l'état actuel de ces recherches, les textes cités contiennent l'essentiel de sa pensée.

Sigles

Parmi les 45 textes reproduits dans ce livre, tous dictés personnellement par Marthe Robin, certains sont inspirés de ses lectures. Parfois, elle cite même littéralement des phrases ou des passages entiers. Des recherches ont permis d'identifier les sources. Les sigles utilisés à la fin des citations concernées correspondent aux auteurs suivants :

A.M. *Le Livre de l'Amour miséricordieux,* Monologos, Arras, 1934

C.A. Chanoine Astruc, *La Messe mystique. La vie chrétienne est une messe,* Œuvre de la propagande du Sacré-Cœur, Imprimerie Rondil, 1934

M.B. Maurice Blondel, *L'Action*

M.S. Félix Klein, *Une expérience religieuse : Madeleine Semer,* Blond et Gay, 1923

M.T. Marie de la Trinité, *Lettre de Consummata à une carmélite,* dépôt : Carmel d'Avignon, imprimé en 1930

P.J. Père Paul de Jaegher, *Confiance – Méditations,* Museum Lessianum, Louvain, 1931

T.L. Thérèse de Lisieux, *Histoire d'une âme*

V.G. *Journal de Véronique Giuliani,* publié par le père Désiré des Planches en 1931, J. Duclot éditeur, Gembloux, Belgique

APERÇU CHRONOLOGIQUE DE LA VIE DE MARTHE ROBIN

On sait que, juste un an après la mort de Thérèse de l'Enfant Jésus, parut son célèbre ouvrage intitulé : *Histoire d'une âme* (Saint-Paul, octobre 1898). Mieux qu'une biographie historique, nous suivons, dans un aperçu chronologique, toute la vie de Thérèse telle qu'elle se fait connaître de l'intime.

On pourrait écrire de Marthe Robin que sa biographie est une nouvelle « Histoire d'une âme », d'autant que, comme nous le verrons, Marthe s'inscrit dans la « Mission » même de Thérèse, sur la demande explicite de cette dernière. Aussi bien, convient-il de la suivre, de sa naissance à sa dernière heure sur cette terre, dans de simples repères chronologiques d'une vie entièrement vécue dans un seul lieu, dit « La Plaine » de Châteauneuf-de-Galaure (Drôme).

Le jeudi 13 mars 1902, dans ce village de la Drôme, naquit Marthe-Louise Robin, sixième et dernier enfant d'une famille comptant cinq filles et un garçon. Ses parents, Joseph Robin et Amélie Célestine Chosson, habitaient une petite ferme, ils étaient chrétiens, mais pas particulièrement religieux, bien que de grande charité. Marthe fut baptisée le samedi 5 avril en l'église de Saint-Bonnet de Galaure, par l'abbé Hippolyte Caillat. C'était en fait leur paroisse où Marthe suivit ses premières années de catéchisme. Son parrain fut son frère Henri âgé de 6 ans et sa marraine sa sœur Alice âgée de 8 ans.

En novembre 1903, grave épidémie de fièvre typhoïde à la Plaine. Marthe en guérira, mais sa santé restera fragile. Sa sœur Clémence en mourra, le 12, à l'âge de 5 ans et demi. Le grand-père de Marthe, Jean Joseph Robin, décéda, le 6 janvier 1904, de la même maladie.

Lors d'une visite de Mgr Chesnelong, évêque de Valence, en l'église de Châteauneuf-de-Galaure, Marthe reçoit le sacrement de confirmation, le 3 mai 1911.

Après avoir terminé son catéchisme à Châteauneuf, Marthe, âgée de dix ans et demi, reçut l'Eucharistie pour la première fois, le 15 août 1912 : *Je crois,* dira-t-elle plus tard, *que ma communion privée a été une prise de possession de Notre-Seigneur. Il s'est emparé de moi à ce moment-là...* Elle fit sa « communion solennelle » (qu'on appelle aujourd'hui « profession de Foi » ou « renouvellement des promesses du baptême »), le 21 mai 1914. C'en était fini de son instruction religieuse, du moins officielle, car Marthe ne cessa pas de trouver les occasions de s'instruire de sa religion. Elle aimait lire des livres pieux. Ayant toujours son chapelet dans sa poche, elle aimait le réciter, spécialement quand elle descendait faire des commissions au village.

En 1915, elle quitte l'école sans avoir obtenu le certificat d'études, étant malade le jour de l'examen. Appréciation de ses maîtres : « intelligente, pas de mémoire ».

C'est en juillet 1918 que la santé de Marthe se dégrada pour ne jamais se recouvrer pleinement par la suite, sauf quelques rémissions qui semblaient de réelles guérisons, mais qui en fait n'étaient que passagères. De 1918 au printemps 1921 elle souffrit d'un mal qu'on n'arriva pas à bien diagnostiquer. Après un séjour de quelques mois chez sa sœur, Madame Gaillard, en 1922, elle dut de nouveau s'aliter. En octobre 1923, une cure de 3 semaines de bains résineux à Saint-Péray, n'apporta pas de visible amélioration de son état de santé.

1925, c'est l'année où le pape Pie XI canonise Thérèse de Lisieux (17 mai). Marthe écrit un *acte d'abandon et d'offrande à l'Amour et à la Volonté de Dieu*. Le 3 octobre 1926, première fête liturgique de la nouvelle sainte, elle reçoit pour la deuxième fois le sacrement des malades. Bien qu'entrée dans un état comateux pendant quelques semaines, elle revient à une vie de pleine conscience, tout en souffrant toujours en ses membres. Sous l'inspiration de Thérèse, qui, dit-elle, *l'a visitée par trois fois,* elle formule un nouvel *acte d'abandon* qu'elle date du 15 octobre 1925, en mettant l'accent sur *la voie de l'amour*. Moment décisif dans la vocation personnelle de Marthe. Mais, en 1927-1928, le mal pénètre membres et organes de son corps qui se trouve, en grande partie, paralysé, au point que, de février à juin 1929, elle perd totalement l'usage de ses mains et de ses doigts ; elle ne peut même plus égrener son chapelet.

En 1928, le 2 novembre, elle est admise dans le Tiers Ordre de saint François. Le 25 décembre 1929, elle commence à dicter d'une manière très suivie ses *notes personnelles* qui forment comme une sorte de « journal ».

À partir de 1930 jusqu'à sa mort, le 6 février 1981, après la demande de Jésus : *« Veux-tu être comme Moi ? »*, c'est-à-dire sur la Croix, Marthe va vivre, chaque semaine, le jeudi soir, dès l'heure de l'agonie de Jésus, toute sa Passion. Cette « passion hebdomadaire » se prolongeait dans les dernières années jusqu'au lundi. Nous en reparlerons, car ce fut la trame de sa vie de « crucifiée », offerte avec plein consentement d'amour. Marthe tenait à une absolue discrétion sur la manifestation de ses sanglantes souffrances. À partir de 1932, plus de sommeil, plus d'alimentation solide et liquide ; trouble des fonctions végétatives. Comme tout cela concerne la vocation propre et tout à fait personnelle de Marthe, ne cherchons pas, chez elle, l'extraordinaire, le « merveilleux », cherchons avant tout à la prendre pour modèle dans nos quinze jours de prière avec elle.

Comme prémices des *Foyers de Lumière, de Charité et d'Amour* que le Seigneur lui demandera de fonder, avec le prêtre qui a été désigné par Lui à cet effet, Marthe fera ouvrir une école de filles à Châtauneuf-de-Galaure par le curé de la paroisse, l'abbé Faure, sous la direction d'une communauté de jeunes femmes.

C'est le 10 février 1936 que Marthe et l'abbé Georges Finet se rencontrent pour la première fois. Cette date est vraiment celle de la création des Foyers, création qui se concrétisera par la première retraite prêchée, du 7 au 13 septembre de la même année, par ce prêtre qu'elle appellera désormais : *Père*.

Le père de Marthe meurt le 23 juin 1936 et, après la disparition presque complète de sa vue en 1939, Marthe a la douleur de perdre sa mère, le 22 novembre 1940. Le père Finet et le Foyer de Châteauneuf se dévouent totalement au service de Marthe jusqu'à sa mort.

En 1942, le 14 avril, Marthe est visitée par le professeur Dechaume et le docteur Ricard, de Lyon, en présence, en partie, de Mgr Pic, évêque de Valence et du père Finet.

Le plus extraordinaire de cette vie faite de prières solitaires mais pour l'Église, de souffrances continues, physiques et morales, d'accueil de personnes de tous âges et de toutes conditions, jusqu'à 100 000, c'est qu'elle dura si longtemps, près de 80 ans.

Le père Finet la trouva sans vie, sur le sol, vers 17 heures, le vendredi 6 février 1981. Elle mourut seule, durant sa passion hebdomadaire, à l'heure où, sur la Croix, Jésus « remit l'esprit ».

Le 10 février, à 15 heures, le cercueil de Marthe est descendu à la chapelle du Foyer, en ce 45e anniversaire de la première rencontre de Marthe avec le père Finet.

Le 12 février, célébration de ses funérailles : Messe au sanctuaire « Sainte-Marie, Mère de Dieu » – concélébration de beaucoup de prêtres. 7 000 à 8 000 personnes sont venues de toute la France et même de l'étranger. Marthe fut inhumée dans le caveau de la famille Robin, dans le cimetière de Saint-Bonnet de Galaure.

COMMENT JE SUIS ENTRÉ DANS LA PRIÈRE DE MARTHE

Ma première rencontre avec Marthe Robin eut lieu pendant une retraite spirituelle prêchée par le père Georges Finet, père du Foyer de Charité de Châteauneuf-de-Galaure. C'était le 31 décembre 1945.

Prêtre depuis trois ans, je venais lui demander ses prières pour mon jeune sacerdoce. Mais j'étais à peine entré dans sa chambre que tout de suite après avoir répondu à mon salut, Marthe me dit : *Ne faites-vous pas une thèse de doctorat sur la Sainte Vierge ?* (pas de mystère, j'ai su par la suite que le père Finet le lui avait dit...) – Oui, Mademoiselle, et je suis sur le point de l'achever ; elle aura pour titre « Maternité divine et Incarnation » – Après une pause, Marthe reprit : *Avez-vous remarqué que notre mère à Lourdes n'a pas dit seulement comme à Paris, rue du Bac, qu'elle a été « conçue sans péché », mais « Je suis l'Immaculée Conception » ! Elle attendait la proclamation par l'Église du dogme concernant sa sainte et immaculée conception, pour donner son identité personnelle devant Dieu.*

En effet, l'apparition de la Vierge à Catherine Labouré date de 1830, le dogme fut proclamé par Pie IX en 1854 et l'apparition de la Vierge à Bernadette Soubirous, en 1858.

Marthe poursuivit : *De même, Marie n'est pas seulement mère humaine, comme une autre mère, mieux bien sûr puisqu'elle fut conçue sans péché ; mais elle est avant tout la Mère de Dieu ; elle est « la Divine Maternité », comme elle est « l'Immaculée Conception ». C'est son Nom qu'elle a révélé à l'Église par Bernadette. C'est très important pour votre travail.*

Marthe me redisait en d'autres termes ce qu'elle avait répondu au père Garrigou-Lagrange, dominicain, théologien de grand renom à qui le pape Pie XII avait envoyé une lettre personnelle pour lui demander d'aller rencontrer Marthe Robin. C'était en mars 1941. Pendant ces années de guerre, ne pouvant entrer à Rome où il était professeur à notre Faculté de l'« Angelicum », il enseignait la théologie en France à un petit groupe d'étudiants dominicains dont j'étais, dans notre couvent de Coublevie, près de Grenoble.

Il nous a lui-même dit qu'en allant voir Marthe il lui avait posé la question suivante : « Qu'y a-t-il de plus grand en Marie, sa divine maternité ou sa sainteté ? » Elle lui avait immédiatement répondu : *Si Marie est sainte c'est qu'elle est la Mère de Dieu.* Simples réflexions qui semblent tout à fait normales à un chrétien, après le concile Vatican II : Marie fut choisie, de toute éternité, pour être, dans le temps, la Mère du Fils de Dieu fait homme ; on ne peut pas penser qu'elle ne soit pas sainte et immaculée !

Ces paroles de Marthe furent, pour moi, dès ce moment-là, bien avant le Concile donc, une vive lumière qui guida ma recherche doctrinale concernant le mystère de la Mère de Dieu. À cette époque on raisonnait encore souvent ainsi : « Marie a mis au monde un homme qui est Dieu, elle doit donc être dite mère de Dieu ! » Depuis des siècles on dissociait maternité et grâce divine en Marie, pour mettre en valeur la sainteté personnelle de la Mère de Dieu.

Aux yeux de Marthe, bien plus profondément, Maternité divine et Conception Immaculée sont indissociables. Le Concile déclarera : « L'usage s'est établi chez les saints Pères (de l'Église) d'appeler la Mère de Dieu la Toute Sainte, indemne de toute tache de péché, ayant été pour ainsi dire pétrie par l'Esprit en forme de nouvelle créature » (Constitution dogmatique de l'Église, « Lumen gentium » n° 56). On comprend mieux ainsi, dans notre foi, pourquoi Marie, l'Immaculée Conception, vécut toujours dans la mouvance de l'Esprit Saint. Elle devint, au cœur de l'Église, la *Mère de l'Église*, vérité que le pape Paul VI proclama solennellement à la clôture de la 3e session du Concile, le 21 novembre 1964. Marthe pria beaucoup pour le Concile et tout spécialement pour la reconnaissance de la Maternité de Marie dans l'Église ainsi que de sa médiation propre et universelle en participation de l'unique Médiation du Christ (cf. infra, p. 102).

Dans cet esprit et aidé de la prière de Marthe, je commentai le chapitre VIII de « Lumen gentium » consacré à « La Bienheureuse Vierge Marie, Mère de Dieu, dans le mystère du Christ et de l'Église », travail publié sous le titre : *La Vierge Marie et le Saint-Esprit* (1971). Dans le chapitre sur l'Immaculée Conception, je n'hésitai pas à reprendre les paroles de Marthe qui s'alliaient si bien avec le Concile. Bien entendu je ne nommai pas Marthe qui voulait une totale discrétion sur ses propos dits dans la confidence d'une visite.

En 1973, un Franciscain conventuel, le père Moullet, fondateur en Suisse et en France de la « Mission de l'Immaculée » du père Maximilien-Marie Kolbe, me demanda d'où je tenais le passage de mon ouvrage, concernant précisément le rapport étroit entre l'Immaculée Conception et la Maternité divine de Marie. Comme je n'osais pas tout d'abord lui dire que c'était de Marthe Robin en 1945, il me montra un texte, traduit du polonais en français, qui exprimait au mot près la même vérité. Or, de ce saint, aujourd'hui canonisé comme martyr, mais à cette époque béatifié depuis deux ans (1971), je ne connaissais guère que sa mort héroïque dans un bunker, à la place d'un condamné, à Auschwitz. Je ne connaissais rien de ses écrits pour la bonne raison que le père Moullet me montrait les premiers textes qui venaient d'être traduits en notre langue. Effectivement, je reconnus qu'on pouvait appeler plagiat ce que moi-même avais écrit. Je lui expliquai alors comment Marthe Robin, qu'il connaissait de réputation, en était l'auteur. Il m'avoua par la suite qu'il avait d'abord cru à un plagiat ; or c'était impossible car le père Kolbe avait écrit ce texte le 17 février 1941, le jour même de sa dernière arrestation, et il fut publié en polonais bien après 1945, date de ma première rencontre avec Marthe !

J'apprenais en même temps comment le père Maximilien-Marie avait été inspiré dans sa recherche doctrinale. Il était venu en France pour aller au Japon en mission. Or, avant de prendre le bateau à Marseille, il vint à Lourdes, le 30 janvier 1930. Et, priant devant la Grotte, il fixa toute son attention sur l'inscription qui alors entourait la tête de la statue de la Vierge : « Que soy era immaculada councepciou. » Il savait évidemment que cela signifiait dans la langue de Bernadette : « Je suis l'Immaculée Conception. » Le lendemain, 31, il était à Paris, rue du Bac où il lisait l'inscription au-dessus de la statue de la Vierge : « Ô Marie conçue sans péché, priez pour nous qui avons recours à vous. » Le 1er février, il était au Carmel de Lisieux pour prier la « petite Thérèse » qu'il aimait tant. Dès qu'il fut sur le bateau l'emmenant quelques jours après vers l'Extrême-Orient, il écrivit à l'un de ses frères en Pologne : « As-tu remarqué qu'à Lourdes Marie va jusqu'à dire : "Je suis l'Immaculée Conception", c'est son nom personnel. » Jusqu'à sa dernière arrestation, Maximilien-Marie n'a cessé d'essayer d'expliquer la signification de ce nom que Marie se donne d'elle-même, simple créature. En ce matin du 17 février 1941 il dicta à ses frères sa dernière pensée : « L'Immaculée Mère de Dieu, à Lourdes, ne se désigne pas comme "conçue immaculée" (rue du Bac à Paris), mais comme le dit Bernadette : "Que soy era immaculada councepciou."... Aussi bien, le nom de "Conception Immaculée" est-il le nom de Marie, Mère de Dieu, en qui le Saint-Esprit vit comme Amour, principe de vie dans tout l'ordre surnaturel de la grâce. »

Je n'ai jamais su s'il y avait quelque lien entre Marthe Robin et saint Maximilien-Marie Kolbe. J'ai osé le lui demander, mais de sa voix claire et ferme : *Eh bien, voilà maintenant que les instruments revendiquent !* À ma demande de pardon pour une question si indiscrète, je n'eus droit qu'à un léger petit rire. C'était une manière de ne vouloir ni confirmer... ni infirmer...

*
* *

La vie de Marthe est une nouvelle « Histoire d'une âme », nous l'avons noté dans l'aperçu chronologique de sa vie. On peut y voir comme deux temps : le premier de 1925 à 1936 et le second du 10 février 1936 au 6 février 1981. Je m'explique :

En 1925, l'année de la canonisation de la carmélite Thérèse de l'Enfant-Jésus et de la Sainte-Face, Marthe se sentit appelée à s'abandonner à Dieu. Elle pensait devenir elle-même carmélite, mais elle comprit vite que ce n'était pas possible (infra, p. 31). Elle data son *acte d'abandon* du 15 octobre, en la fête de sainte Thérèse d'Avila, réformatrice du Carmel, et elle le renouvela l'année d'après dans les conditions que nous verrons (infra, p. 25).

C'est à partir de 1927 qu'elle commence à dicter des *notes* qu'elle-même appelait son *journal,* bien qu'il ne se fît pas au jour le jour. La dictée régulière de ses *notes* prendra fin le 18 octobre 1936. Durant la période de 1925 à 1936, Marthe fut pour ainsi dire formée directement par l'Esprit de Dieu qui, par Jésus et sa Mère, l'éveillait à sa vocation de *missionnaire* dans l'Église pour la fondation et la vie des *Foyers de Lumière, de Charité et d'Amour.* Marthe en prenait peu à peu conscience, nous le verrons. J'ai fait un exposé concernant « Marthe Robin, sous la conduite de Marie, 1925-1932 » (cf. bibliographie). J'avais été autorisé à utiliser ses *notes* par Mgr Marchand, évêque de Valence, qui m'avait demandé d'être théologien pour le procès de béatification de Marthe, clos sur le plan diocésain à la Pentecôte de 1996. Ce procès est désormais, à Rome, repris par les instances vaticanes, à la suite de l'approbation de Monseigneur l'évêque de Valence.

C'est dans une tout autre perspective que j'engage ce présent exposé sur Marthe Robin. Bien sûr, nous la voyons toujours sous la conduite de l'Esprit de Dieu en Jésus et avec Marie, mais comme celle que l'on peut imiter pour entrer dans la prière avec elle. Ce qui m'a permis d'étendre mon investigation sur l'ensemble des notes dictées par Marthe. Également, dans cette perspective, je citerai bien d'autres « paroles » de Marthe, recueillies soit par le père Finet et communiquées par lui-même en public soit par d'autres témoins dignes de foi. De telles paroles de Marthe deviennent conseillères et inspiratrices dans notre désir de prier avec elle.

La deuxième « période », de 1936 à la mort de Marthe le 6 février 1981, fut marquée d'une manière décisive par la première rencontre de Marthe avec l'abbé Georges Finet (infra, p. 85). Marthe va vivre un approfondissement de sa vie spirituelle et missionnaire, sous la direction de ce prêtre, son *Père,* que le Seigneur lui-même lui a envoyé.

C'est durant cette période de 45 ans que Marthe reçut l'immense majorité de ses 100 000 visiteurs, individuellement ou en tout petit groupe.

On pourrait dire que Marthe ne fut pas seulement l'inspiratrice des Foyers de Charité mais qu'elle en fut la « conceptrice », tel l'architecte qui a en son esprit une forme vivante de la construction qu'il veut réaliser. C'est pourquoi elle fut toujours en relation étroite avec le réalisateur, le père Finet, qui fut non seulement l'entrepreneur mais aussi, avec Marthe, le co-fondateur. Cela est à souligner comme le montre si bien le père Jacques Pagnoux dans son ouvrage : *Marthe Robin, une femme d'espérance pour le XXIe siècle.* Il déclare : « Cette précision est importante, elle ne diminue en rien le rôle de Marthe, mais montre bien que ce projet (des Foyers) qu'elle avait porté dans son cœur et dans sa prière pendant si longtemps, s'est effectivement réalisé à travers l'efficacité, je dirais même à travers les mains de celui qui a dû commencer la réalisation de cette œuvre : le père Finet » (p. 128).

Précisément, aujourd'hui nous sommes en mesure de comprendre mieux l'annonce faite par Marthe, dès 1936, d'une nouvelle Pentecôte dans l'Église. Aussi bien, dans les cinq derniers des « quinze jours » de cet exposé, me suis-je attaché à en montrer sa réalisation, tout de suite avec l'Œuvre des Foyers, et puis avec le concile Vatican II et le « Renouveau » spirituel dans l'Église, jusque dans ces années préparatoires au « Jubilé de l'An 2000 », avec le pape Jean-Paul II.

premier jour

TOUTE À VOUS, Ô MON DIEU

Il me semble que Jésus me fait sentir à cette heure, tout l'amour et toutes les souffrances d'une vie entièrement livrée à son bon plaisir divin et qu'Il imprime très fortement en moi l'amour des intimes douleurs de sa très Sainte Mère et de sa Passion rédemptrice et que je ne les comprends même plus.

On dirait que Jésus tient mon âme comme dans l'attente, comme en suspens de quelque chose qu'Il connaît Lui seul. Je ne veux même pas y penser. Comme Il voudra et tout ce qu'Il voudra ! C'est si bon, si immensément bon de ne rien voir, de ne rien savoir, de ne vouloir que ce qu'Il veut Lui, sans amertume pour le présent et sans appréhension pour l'avenir (date et source inconnues).

Deux ans auparavant, en 1925, année de la canonisation de la carmélite Thérèse de l'Enfant Jésus et de la Sainte Face, Marthe connaissant la vie de cette nouvelle sainte, voulut l'imiter par l'abandon de tout son être à Dieu seul. Elle fit sien un *acte d'abandon,* rédigé au dos d'une image par un prêtre en 1904, où l'accent mis sur la Justice de Dieu semblait l'opposer à son Amour infini. Elle le data du 15 octobre 1925, jour où l'Église célèbre Thérèse d'Avila, restauratrice du Carmel.

Le 3 octobre 1926, première fête liturgique de Thérèse de Lisieux, Marthe fut sur le point de mourir ; tout était prêt pour son ensevelissement. Alors intervint Thérèse qui, dira-t-elle, la *visita trois fois.* Peut-on parler de visions ? Peu importe, mais ces visites eurent un impact décisif sur Marthe qui, revenue pour ainsi dire à la vie tout en demeurant malade, rédigea un nouvel acte d'abandon qu'elle data du 15 octobre 1925, après avoir déchiré le premier, mais dont on a par la suite retrouvé une copie. Dans cette nouvelle rédaction, elle ne cesse de dire que Dieu seul est pour elle tout Amour par Jésus. Thérèse avait également formulé en ce sens, deux ans avant sa mort (1895), un « acte d'abandon » qui corrigeait la tendance rigoriste des chrétiens de son époque. Mettre l'Amour divin au centre même de la spiritualité chrétienne fut l'apport essentiel du dernier Concile, Vatican II. On comprend pourquoi Thérèse de l'Enfant Jésus vient d'être déclarée Docteur de l'Église.

Déjà dans ces visites d'octobre 1926, Thérèse demanda à Marthe de prolonger sa mission en témoignant, par toute sa vie offerte à Dieu en sacrifice et donnée au monde, de l'Amour miséricordieux. Ce qui fit dire à Marthe qui ne manqua jamais d'humour : *La coquine, elle m'a tout laissé, après* (témoignage du père Finet).

Dès ce premier jour, méditons avec Marthe son *acte d'abandon* :

Dieu éternel, Amour infini ! Ô mon Père ! Vous avez tout demandé à votre petite victime ; prenez donc et recevez tout. En ce jour, je me donne et me consacre à vous, tout entière et sans retour.

Ô le bien-aimé de mon âme, mon doux Jésus. C'est vous seul que je veux. Et pour votre Amour, je renonce à tout !

Tout de suite Marthe s'adresse à Dieu le Père et à son Fils Jésus, Dieu fait homme. Elle insiste :

Que je puisse dire en toute vérité : mon moi, c'est Jésus, sa Volonté, son Esprit, l'Amour infini, le Bon Dieu, le Dieu Saint qui vit en moi et s'exprime par toutes ses œuvres.

Pas d'équivoque. Dieu Seul : et le Père et son Fils Jésus dans l'Esprit Saint, l'Amour infini. Elle poursuit aussitôt s'adressant à Jésus :

Que ma vie soit la reproduction parfaite et incessante de votre Vie, la manifestation de votre Amour et la continuation de celle de Marie, Vierge et Martyre.

On sait, sur le témoignage de sa sœur Alice que, pour la première fois, Marthe a vu la Vierge dans une grande lumière, la nuit de la fête de l'Annonciation, le 25 mars 1921. Aux yeux de Marthe, Jésus, Dieu qui s'est fait homme, ne cesse jamais d'être le Fils du Père dans l'indicible Trinité ; mais pour se donner totalement à Jésus, elle prend Marie pour Mère et modèle, parce que Jésus a voulu l'associer intimement à ses souffrances et à sa mort sur la Croix. Elle Lui demande donc de continuer la vie de Marie, *Vierge et Martyre*. Elle sent qu'elle est déjà exaucée :

Il me semble... que Jésus imprime très fortement en moi l'amour des intimes douleurs de sa très Sainte Mère et de sa Passion rédemptrice et que je ne les comprends même plus

(en exergue).

Dans sa décision de répondre à la volonté de Dieu en s'abandonnant sans réserve au Père, par Jésus, elle prend conscience qu'elle doit dépasser par l'amour l'impossible vision de l'avenir :

Que tout en moi exprime mon amour pour vous et que je sois toujours prête au sacrifice.

Alors, elle comprend qu'agir ainsi dans l'amour est certitude que Dieu lui-même, son Créateur et son Sauveur, a déjà pris possession de tout son être et qu'elle-même doit se déposséder pour s'ouvrir aux autres à l'imitation de Jésus :

Ô mon Sauveur adorable ! Vous êtes l'unique possesseur de mon âme et de tout mon être ! Recevez l'immolation que, chaque jour et à tout instant, je vous offre en silence. Daignez l'agréer et le faire servir au bien spirituel et divin de tant de millions de cœurs qui ne vous aiment pas, à la conversion des pécheurs, au retour des égarés et des infidèles, à la sanctification et à l'apostolat de tous vos bien-aimés prêtres et en faveur de toutes les créatures.

Marthe a bien compris le sens de la mission de Thérèse et veut se mettre à son école dans son abandon à Jésus, le Sauveur. Rien pour elle mais tout pour les autres à commencer par *ceux qui ne vous aiment pas, Jésus*, puis les pécheurs, les égarés et infidèles, jusqu'à *l'apostolat de tous vos bien-aimés prêtres*. Si, dans le cœur de tout apôtre, les plus éloignés de Dieu sont les premiers, en revanche au sein de la grande Famille de l'Église, le Corps mystique dont Jésus est la Tête, les prêtres sont les premiers dans le cœur de Marthe comme ils l'étaient et le sont toujours dans le cœur de Thérèse.

Comment entrer dans la prière de Marthe lorsqu'elle s'abandonne totalement à Dieu ? Commençons par entrer en nous-mêmes et mettons-nous à l'écoute de l'Esprit pour entendre ce qu'il nous demande, car il y a toujours un appel, notre « vocation ». De toute façon, imitons la démarche de Marthe, lorsqu'elle dit :

Mon Dieu, vous connaissez ma fragilité et l'abîme sans fond de ma misère. Si je devais un jour être infidèle à votre souveraine volonté sur moi, si je devais reculer devant la souffrance et la Croix, et déserter votre chemin si doux en fuyant le tendre appui de vos bras, oh ! je vous en supplie et vous en conjure, faites-moi la grâce de mourir à l'instant.

L'humble Marthe, consciente de sa fragilité, a recours à l'Amour du Cœur de Dieu en Jésus.

Exaucez-moi, ô Cœur très aimant de mon Dieu. Exaucez-moi par votre très doux Nom de Jésus, par l'amour de votre très sainte Mère, par l'intercession de saint Joseph, de saint Jean le bien-aimé et de tous les autres saints et votre divine ardeur à accomplir en tout la volonté de votre Père.

Il est à noter que Marthe fait appel directement à Dieu qui Seul est source de la sainteté et à l'amour maternel de la Mère de Jésus, tandis que, dans l'intercession des saints, Joseph et Jean le bien-aimé sont les premiers. Elle aura de plus en plus une vénération filiale envers Joseph, l'inséparable époux de Marie et une préférence pour Jean qui, le premier, reçut Marie pour Mère « en son intimité », juste avant que Jésus « remit l'Esprit » (Jn 19,27 et 30). Aussi bien termine-t-elle ainsi son *acte d'abandon* :

Marie, ô ma Mère chérie, donnez-moi vous-même à Jésus, offrez vous-même à Dieu cette petite hostie. Qu'il daigne venir habiter en elle, reposant en son cœur comme en son tabernacle. Pour demeurer, hélas ! il n'aura que ma misère, mais il y trouvera du moins l'amour, la reconnaissance, la fidélité, la générosité, l'abandon, l'humble et joyeuse confiance pour le dédommager, consoler, réjouir, glorifier son Sacré-Cœur et lui donner des âmes, en union avec vous, ô ma si chère Maman.

deuxième jour

VEUX-TU ÊTRE COMME MOI ?

> *Voici la fin de l'année 1930 qui s'achève dans l'union intime de mon âme avec Dieu. Tout mon être a subi une transformation aussi mystérieuse que profonde. Année d'épreuves, année de douleurs, année de grâces et d'amour. Mon bonheur actuel sur mon lit d'infirme est profond, durable parce que divin…*
> *Il y a des âmes vouées à l'inaction extérieure (dans les cloîtres par la seule volonté de Dieu). Il y en a aussi et bien nombreuses qui sont vouées à l'inaction par la maladie, l'infirmité. Celles-ci aussi bien que celles-là travaillent silencieusement sur un champ vaste et inconnu. C'est la prière, le renoncement, la souffrance unis à l'action. Tout se complète, Dieu est le Maître de toutes les âmes et pour chacune le Maître de tous les jours* (31 décembre 1930).

Après s'être abandonnée à Dieu, Marthe est tout attentive à son action en elle pour répondre à son appel. Elle fait sienne la parole de saint Paul :

Merveilleux mystère : je vis en Dieu, ce n'est plus moi qui vis, mais c'est Jésus, mon Bien-Aimé Jésus qui vit en moi. Je ne comprends pas pleinement, mais je connais cette joie, cet incomparable mystère. À Lui en soit toute la Gloire ! (26 décembre 1929).

Notre propos n'est pas de retracer les étapes de la vie de Marthe, mais de présenter sa personne dans la grande discrétion à laquelle elle tenait elle-même. En l'année 1930, année où le Seigneur la *veut comme Lui* sur la Croix, elle prend conscience que Jésus l'engage dans une épreuve longue et douloureuse. Elle accepte de subir la Crucifixion sanglante qui se manifestera visiblement. Mais Marthe s'opposera toujours à ce qu'on en fasse cas. À un prêtre qui lui demandait de lui donner un petit linge taché de son sang, elle répondit avec douceur mais fermeté qu'à chacune de ses messes, il rendait lui-même présent le Corps et le Sang de Jésus.

Ce n'est pas ce qui est hors du commun, l'extraordinaire, que Marthe désire nous faire connaître d'elle. Prenons-la comme modèle en ne cherchant que la seule volonté de Dieu sur nous.

Elle aurait voulu être missionnaire d'Amour à la suite de Thérèse, carmélite comme elle. Jésus en a décidé autrement :

J'aurais tant aimé être moi-même religieuse. Dieu ne l'a pas voulu. J'étais trop faible pour être son épouse ; mais ne m'a-t-il pas donné une part plus belle encore, parce que plus crucifiante ? Il m'a demandé le sacrifice dans le sacrifice. J'ai tâché dans toute l'ardeur de ma petite âme de lui donner l'amour dans l'amour.

En me faisant religieuse, quand même que je ne faisais que suivre l'inspiration de mon âme, c'était en quelque sorte faire un peu ma volonté, réalisant mes plus chers désirs... et le Bon Maître ne voulait que l'abandon à ses desseins que j'ignorais. Je sais bien que ce qui nous vient de la seule volonté de Dieu sans que la nôtre y ait aucune part nous rend plus agréable à Lui, si nous acceptons de tout notre cœur et avec amour. Moins il y a de nous, plus il y a de Dieu. La douce et pure soumission à la Sainte Volonté du Seigneur rend l'épreuve très méritoire...

La vie de malade est bien un isolement dans le monde. Autour de moi rien de tout ce qui fait le bonheur de la religieuse. Ce n'est pas de vivre dans un monastère ni de porter l'habit, pas même d'avoir prononcé des vœux (quoique tout cela soit parfait) qui importe, les saints désirs, les sentiments intérieurs d'amour sont seuls nécessaires.

On est émerveillé, en cette fin du siècle, après le concile Vatican II, de voir Marthe si proche de ceux et celles qui, dans le « Renouveau » se veulent totalement au Christ dans le laïcat. C'est ce qu'elle désirera pour les membres des *Foyers de Charité,* tel qu'elle le vit elle-même sur son lit de recluse :

Je reste donc la simple religieuse au monastère de l'amour infini dans la clôture du bon plaisir de Dieu. Ô mon âme, bénis le Seigneur. Oh oui, bénis, bénis le Seigneur qui n'a pas dédaigné d'unir à Lui la bassesse de sa servante ! Chaque jour accroît la ferveur de mon magnificat *d'amour, de reconnaissance, mon âme découvrant chaque jour des abîmes de merveilles dans le grand livre du Très Haut ! Ah ! qu'il est doux de se sentir sous le regard de Dieu… Qu'importe le lieu, la condition qu'Il choisit pour chaque âme. Tout est marqué dans les plans de la divine Sagesse. C'est en aimant Dieu et en aimant chacun pour Lui, qu'on forge et qu'on façonne au jour le jour son âme pour l'éternité. Pourquoi croit-on si peu en ce grand Dieu d'Amour qui a promis de veiller sur nous jusqu'à la consommation des siècles ?* » (20 septembre).

Marthe dira : *Je crois que ma communion privée –* qu'elle fit le 15 août 1912, à l'âge de 10 ans –, *a été une prise de possession de Notre Seigneur. Je crois que déjà Il s'est emparé de moi à ce moment-là.* » Effectivement dès sa première communion, elle ne cessa pas de prier :

Mes sœurs, dit-elle, *ne voulaient pas que je prie tout le temps, mais je priais, dans mon lit surtout… Je priais la Sainte Vierge. Je lui disais des prières trouvées dans un gros vespéral de mon grand-père. Quand j'allais au village faire des commissions, j'avais toujours mon chapelet dans ma poche et, en route, je le disais.*

Dès le début de l'année 1930, elle pressent que Jésus veut répondre à son ardent désir de tout lui donner en prenant possession de sa vie de malade. Elle souffre atrocement mais garde l'assurance que ce n'est pas pour rien :

Les jours sombres, de pénibles souffrances, sont des jours de grâces, des droits à la béatitude. Que le Bon Dieu qui est si bon me donne de souffrir en proportion de ce que je l'aime et ce qu'Il m'aime. C'est pourquoi je suis toujours souriante et que j'ai toujours tant de paix! Ce que je lui demande c'est de mourir dans son amour... Néanmoins, j'ai comme le pressentiment que Jésus prépare encore des croix plus grandes, plus lourdes, plus sombres, des épreuves nouvelles à sa petite victime (3 janvier 1930).

Quelques jours plus tard, Marthe, malgré la conscience de son indignité, a la certitude que Jésus a pris possession de son cœur :

De toutes mes forces, de toute ma volonté, j'ai désiré, j'ai voulu le Bien, et avec sa grâce j'ai trouvé Dieu. Après des années d'angoisses, de péché, de découragements profonds, après bien des épreuves physiques et morales, j'ai osé, j'ai choisi le Christ-Jésus, Lui, le Verbe incarné, l'Agneau Sauveur du monde, pour maître, pour modèle unique et parfait, ou plutôt, je l'ai supplié de vouloir être mon maître, mon modèle, ma voie et ma vie. Puis un jour (après m'être depuis longtemps donnée et consacrée à Lui, tout entière, et avoir eu la preuve réelle et sensible que j'avais été exaucée), après un acte d'abandon humble et très confiant, Il s'est révélé et donné à moi (spirituellement) pour le Dieu et l'Époux de mon âme, vivant, agissant en elle... Je ne savais pas avant ce jour ce que c'était que la communion spirituelle, mais ce jour béni j'ai eu connaissance de cette immense, de cette infinie douceur : le cœur de Jésus a battu dans mon cœur (22 janvier, M.S.).

C'est dans les premiers jours d'octobre qu'elle répond affirmativement à l'appel de Jésus d'être *comme Lui* sur la Croix. Elle fera bien plus tard le récit de sa crucifixion. Mais demeurons dans la discrétion, comme elle le fait elle-même dans ses *notes* dictées qui, on le sait, ne seront connues qu'après sa mort. Elle est entrée, à ce moment-là, dans sa vocation spécifique de *victime volontaire de l'Amour crucifiant.* Pour elle, ce qui domine tout est la Personne de Jésus, comme il doit en être pour tout chrétien :

Jésus est le livre vivant du chrétien. Qu'on a à apprendre de Jésus au Calvaire ! de Jésus à la Croix ! de Jésus prisonnier d'amour ! C'est Lui mon livre unique, c'est Lui qui m'a appris l'art divin de souffrir, qui pourrais-je chercher hors de Celui qui est la Voie, la Vérité et la Vie. Il enseigne, guide, reprend, corrige (19 octobre 1930).

troisième jour

SUR LA CROIX,
MISSIONNAIRE D'AMOUR

En Dieu tout est sans mesure, l'âme qui s'est livrée ne sait jusqu'où l'amour l'emmènera. L'amour est un feu consumant qui propage son action dans les âmes. Je sens que je possède un trésor que Dieu veut distribuer par moi. Pour cela, oubli de moi toujours plus parfait. Que je disparaisse complètement et sans réveil dans la volonté de Dieu et que Lui seul apparaisse (14 novembre 1930).

Marthe a vécu à la lettre ce que saint Paul, inspiré par l'Esprit Saint, a voulu vivre en intimité avec Jésus : « J'achève ce qui, des souffrances du Christ, manque en ma chair pour son Corps qui est l'Église » (Col 1,24). « Cela veut-il dire, écrit Jean-Paul II, que la Rédemption accomplie par le Christ n'est pas complète ? Non. Cela signifie seulement que la Rédemption opérée par la force de l'amour réparateur reste constamment ouverte à tout amour qui s'exprime dans la souffrance humaine. Dans cette dimension, dans la dimension de l'amour, la

Rédemption déjà accomplie *totalement* s'accomplit en un sens *constamment*. Et c'est bien ainsi que l'Église complète l'œuvre rédemptrice du Christ. » (*Le sens chrétien de la souffrance humaine*, lettre apostolique n° 23).

Combien de chrétiens depuis le début de l'Église ont « accompli en leur chair », à des degrés divers, la Rédemption du Christ Jésus ! Mais Marthe est étonnamment exceptionnelle. Il est bon d'écouter une voix autorisée, le père Finet, son père directeur et confident de 1936 à 1981 : « Le vendredi suivant la première semaine d'octobre (1930), Marthe commença à vivre la Passion du Seigneur. En outre, Jésus l'ayant placée sur sa Croix brûlante, lui dit : *"Désormais, je t'appellerai ma petite crucifiée d'amour."* Quelque temps après, de nouvelles souffrances l'attendaient. Jésus lui est apparu et lui a dit : *"C'est toi que j'ai choisie pour vivre ma Passion le plus pleinement, après ma Mère. En outre, personne, après toi, ne la vivra aussi totalement."* » (Revue *Alouette*, mars 1986, p. 30).

Marthe souffrira la Passion du Christ, chaque semaine, jusqu'à sa mort, le vendredi 6 février 1981. Ces « passions hebdomadaires » commençaient le jeudi soir, avec l'heure de l'agonie de Jésus jusqu'à sa mort sur la Croix le vendredi vers 15 heures où habituellement Marthe reprenait les cris de Jésus : « Mon Dieu, mon Dieu, pourquoi m'avez-vous abandonnée ! »… « Père, je remets mon âme entre vos mains ! ». Après quoi, sur la constatation de médecins, elle entrait dans « une mort apparente ». Ce qui n'était pas pour Marthe ralentissement de sa vie spirituelle, car l'abbé Faure, curé de la paroisse et son premier directeur avant le père Finet, disait : « Marthe entre dans sa passion hebdomadaire avec des intentions précises de prières et de souffrances à offrir pour telles ou telles personnes. » Elle restait en cet état de mort apparente de longs moments qui se prolongèrent, à la fin de sa vie, jusqu'au lundi après-midi. Elle vécut donc cela pendant plus de 50 ans.

Vite, Marthe comprit que seul l'amour rend acceptable de telles « crucifixions » ; il est nécessaire, elle en a conscience :

Tout par amour, et tout sera divin ; tout diviniser pour que tout soit sanctifié : aimer pour expier, aimer pour mériter, aimer pour supporter, aimer pour consoler, aimer pour comprendre, aimer pour donner, aimer pour s'oublier, aimer pour pardonner, aimer pour aimer, aimer pour guérir, aimer pour renaître.

J'éprouve des douleurs très vives de toutes parts, principalement dans la tête, l'estomac et le dos. Sans Jésus ce serait intolérable, avec Lui je dis : Fiat *et* merci, *alors tout m'est doux et bon.*

Jésus me demande de ne point trembler, ni craindre. C'est pourquoi, ô mon âme, ce Dieu si aimé ne t'écrasera jamais d'une croix trop lourde à porter. La confiance absolue est la base de tout.

Sur la Croix, missionnaire d'amour, calice pour contenir l'amour aux bords trop pleins, pour déborder sur le monde (5 décembre 1930).

Ce n'est pas Marthe qui tremble, mais le prince de ce monde qui ne cesse de harceler « la crucifiée d'amour ». On sait combien le saint curé d'Ars a subi les assauts du « grappin », comme il l'appelait ; mais il a toujours triomphé par son apostolat auprès des âmes qui venaient en si grand nombre se faire pardonner leurs péchés et le quittaient avec la paix dans leur cœur guéri par le Seigneur. Durant toute sa vie, Marthe reçut, individuellement ou en tout petit groupe, près de 100 000 personnes, non pour se confesser évidemment, mais pour lui demander ses prières et des paroles de consolation. Chacun la quittait pacifié, si son cœur restait ouvert à l'action de l'Esprit Saint.

Conformée à l'image du Christ Rédempteur, Marthe ne pouvait laisser en repos le « Diviseur ». Elle prit vite conscience du terrible combat que fut « l'agonie » de Jésus aux jardins des Oliviers :

Soutenez ma faiblesse, ô mon Sauveur Jésus. J'unis mon obscurité à la vôtre, lorsque prosterné la face contre terre au jardin des Oliviers Vous ne receviez pour toute consolation qu'un calice à boire et une croix à porter. Envoyez-moi votre ange en ce moment solennel !

La grande question de la vie n'est pas de faire ce que nous voudrions, mais bien de savoir et de faire ce que Dieu demande et veut faire de nous (13 décembre 1930).

Pour Marthe l'idéal pour un chrétien, digne de ce nom, c'est de savoir s'humilier pour demander à Jésus d'être pour lui un ami véritable qui ne cesse de le suivre, de la manière qu'il voudra, même au prix de lourds sacrifices :

Être intimement uni à Jésus, c'est être crucifié. Notre Seigneur a tant de demi-amis qui veulent recevoir les douceurs qu'on goûte à son service, mais refusent de partager ses souffrances, ses abandons. C'est pourquoi son cœur se dilate quand il trouve des âmes qui le laissent faire, s'imprimer si profondément en elles qu'elles vont jusqu'à dire : ce n'est plus moi qui vis, c'est Jésus crucifié qui vit en moi (7 février 1931).

Elle insiste :

Que faut-il pour consoler et réjouir le Seigneur ? Des âmes aimantes et fidèles à la grâce, des âmes généreuses, des âmes sacerdotales. Si nous savions tout ce que son Cœur aimant peut recueillir d'Amour dans un soupir de douleur, un sourire qui cache des larmes (7 octobre 1931).

Jusqu'en 1948, le prêtre qui assistait Marthe, le jeudi soir dès qu'elle entrait en sa passion hebdomadaire, entendait les paroles qu'elle prononçait et les consignait par écrit. Après cette date plus aucune parole mais, dans sa prière silencieuse, de continuels gémissements jusqu'à son « réveil ».

Voici un exemple significatif d'une prière recueillie sur un des carnets de son premier directeur, l'abbé Faure :

Père, ayez pitié de tous ces malheureux qui ne connaissent ni vous ni leur Mère, montrez-leur l'horreur du péché, l'erreur de leur vie, l'inutilité de leurs actes en vous montrant à eux dans toute votre miséricorde...

Appelez les foules à votre cœur miséricordieux, appelez les enfants, les malades, les humbles, vos préférés. Appelez vos serviteurs, appelez vos prêtres, surtout vos prêtres, ô Jésus, à l'Amour infini.

Appelez les familles et toutes les nations au pied de votre calvaire et au pied des autels.

Oh non, mon Dieu, non pas la mort, mais leur conversion et leur salut.

Ô ma Mère sur votre cœur où pleure Jésus, recevez-nous tous.

Ô mon Dieu, mais pourquoi m'avez-vous abandonnée ?

Mon Dieu, je viens à vous. Que je meure pour sauver les pécheurs.

Père, je remets mon âme entre vos mains (23 mars 1934).

Ne cherchons pas en Marthe une extraterrestre spirituelle, mais celle qui a comme mission, à la suite de Thérèse, de nous faire entrer dans « la petite voie d'amour », pour nous faire monter vers les divins sommets. Elle est vraiment un modèle. Mieux encore, maintenant qu'elle a, de façon si méritoire, achevé sa mission de la terre, elle ne cesse de nous dire en notre cœur : *Je possède un trésor que Dieu veut distribuer*, à la manière dont Thérèse a déclaré : « Je passerai mon ciel à faire du bien sur la terre. »

quatrième jour

L'HOSTIE REÇUE, UN FEU QUI BRÛLE

J'ai communié dans le feu, dans le feu de l'Amour. Au moment où ma lèvre s'ouvrait de joie à l'hostie sainte, une douce voix résonna : « C'est moi, je descends du Ciel » ! L'hostie reçue était un feu qui brûlait ma lèvre, qui brûlait mon cœur, qui brûlait mes membres, qui brûlait tout mon être ! Quel Amour ! Dans ces jours de ravissement, ce qui m'étonne, c'est qu'après, toujours pénétrée de sa Présence, je puisse encore entendre, voir les choses de la terre, parler, m'occuper et sans effort sacrifier ma joie, mon unique Amour, pour m'oublier, me donner, me mettre à la disposition de tous. Abandonnant mon bonheur pour que d'autres âmes soient visitées et, comme moi, embrasées d'Amour, pour que, comme à moi, plus qu'à moi, Jésus se révèle à elles (15 février 1932, M.S.).

Marthe ne vivait que de l'Eucharistie par la communion au Corps du Christ, qu'elle recevait habituellement une fois par semaine, le mercredi. C'était toujours un temps de consolation, même de joie malgré les souffrances qui ne la quittaient pas :

Ô Jésus, c'est vous ! À votre entrée dans ma chambrette, je suis tout inondée de célestes joies ! Ô Jésus, je ne suis pas digne que vous veniez à moi.

Après les touchantes paroles de mon père spirituel je dis encore : Jésus je ne suis pas digne que vous vous donniez tout à moi, mais dites seulement une parole et mon âme sera guérie. Jésus doit la prononcer cette parole car je le sens et quand mon père prend la divine hostie et l'élève à portée de mes yeux en prononçant les saintes paroles, alors mon cœur se fond, mes yeux contemplent, ravis par un pouvoir qui est hors de moi, je sens que mon âme voudrait s'échapper de mon enveloppe. Mais Jésus a pitié de sa petite victime exauçant ses prières et ainsi ne permettant pas qu'il se passe rien d'extraordinaire.

Je suis bien clouée à la Croix ; mais c'est avec Toi, ô divin Crucifié. L'amour est le puissant levier qui soulève de terre ! (12 avril 1930).

Puisque Marthe ne pouvait plus avaler aucun aliment ni déglutir, l'hostie que les prêtres approchaient de ses lèvres s'échappait de leurs mains pour être absorbée immédiatement à l'intérieur de sa bouche, et elle-même entrait tout de suite en profonde contemplation. Mais elle désirait le moins possible de personnes autour de son lit, hors des intimes. Écoutons-la, dans sa recherche de parfaite discrétion, témoignage de sa profonde humilité :

Les joyeux transports, que je ressens lorsque je puis contempler des yeux la rayonnante hostie, deviennent de l'ivresse au moment de la communion. Et aussitôt qu'elle est déposée sur mes lèvres altérées c'est alors que le Ciel entier descend instantanément en moi s'exhalant bientôt en une félicité dépassant mes pauvres capacités de jouissances.

J'éprouve une vraie peine à voir quelqu'un, un jour de communion, tellement j'ai crainte de laisser paraître ou deviner à ceux à qui je parle les délices enivrants qui m'inondent l'être. J'ai peur surtout d'être soudainement envahie par un ravissement, manquant de simplicité, de confiance bien sûr ! Mais que devinerait-on si j'étais tout à coup portée par l'extase, moi qui voudrais tant que le grand secret de ma vie reste inconnu (16 janvier 1932).

Et pourtant elle entrait souvent en extase ! Jamais la messe ne fut célébrée dans sa chambre. Il faut penser qu'à cette époque cela ne se faisait pas, sinon, parfois, mais très rarement pour un malade à l'agonie. Mais combien de fois, elle dit avoir *assisté* à la messe du matin, à l'église d'abord, puis après 1936 au Foyer ; c'était, de sa part, y participer spirituellement en exerçant son « sacerdoce baptismal » comme tout chrétien peut le faire. En effet, lorsqu'on n'a pas la possibilité de la « communion sacramentelle », il est vital pour chacun de se réserver quotidiennement un temps de ce qu'on appelle « l'oraison ». Voilà pourquoi elle fait remarquer :

Si l'on me demandait : que vaut-il mieux faire :

l'oraison ou la sainte communion ? – Les deux sont vivement à conseiller. Mais s'il faut porter une préférence, je crois que je répondrais l'oraison, car l'oraison est une disposition et une préparation immédiate à la sainte communion. La communion fréquente est un conseil, l'oraison est un divin précepte : « Priez, priez sans cesse », dit Jésus. Or il est difficile de bien prier et de prier sans cesse si le cœur ne se remplit pas de bonnes, de saintes pensées, fruits de la méditation… Quelqu'un a dit : on trouve des chrétiens qui communient tous les jours et qui sont en état de péché mortel. Mais on ne trouve jamais une âme qui fasse « oraison » tous les jours et qui demeure dans le péché (4 avril 1930).

Le dernier concile, Vatican II, a précisé cette participation universelle des baptisés au Sacerdoce unique du Christ Jésus. Mais loin de s'opposer au « sacerdoce ministériel » des prêtres, le « sacerdoce baptismal » des laïcs dépend de lui tout en exigeant de la part des prêtres qu'ils exercent, les premiers, leur « sacerdoce baptismal » commun à tous les baptisés. Marthe avait déjà compris ce double sacerdoce dans l'Unique Sacerdoce du Christ. Elle sait combien il lui est indispensable de demander l'assistance du prêtre dans sa vie si difficile et mystérieuse de *petite victime de l'Amour divin*. Le Seigneur lui-même lui demandera, dans sa fondation des Foyers de Charité, nous le verrons, de ne rien faire sans le prêtre qu'Il lui donne et qu'elle appellera tout de suite *Père*. Et d'autre part, elle n'hésitera pas de faire remarquer, avec grand respect, aux prêtres qui la visitent de rechercher d'abord et avant tout, la *sainteté*, et ne pas se contenter d'exercer leur ministère sacerdotal, si humainement parfait soit-il.

C'est aux prêtres aussi bien qu'aux laïcs que Marthe s'adresse dans ce texte remarquable :

Toute existence est un calvaire et toute âme est un Gethsémani où chacun doit boire en silence le calice de sa propre vie.

Toute vie chrétienne est une « Messe » et toute âme en ce monde est une « Hostie ». Écoutons saint Augustin : « Ne cherchez pas en dehors de vous l'hostie dont vous avez besoin : cette hostie vous la trouvez en vous-même. » Saint Paul achève de vous le montrer en disant : « Je vous en conjure, faites de votre corps une hostie vivante, sainte et agréable à Dieu. »

Vous l'avez entendu, l'hostie de votre sacrifice, de votre messe, c'est vous-même ; c'est vous avec tout ce que vous êtes, tout ce que vous avez, tout ce que vous faites…

Marthe explique comment un chrétien exerce son « sacerdoce spirituel » dans sa participation sacramentelle au sacrifice de la messe. Elle en fait elle-même l'expérience quotidienne :

Le Prêtre prend l'hostie dans ses mains et il l'offre à Dieu.

Vous aussi vous avez à faire à Dieu l'offrande de votre hostie qui est toute spirituelle : et c'est vous-même. Prenez-

vous donc tout entière et sans faire de réserve et offrez-vous à Dieu avec Jésus, la divine Victime sans cesse immolée pour le salut de tous. Prenez votre corps avec tous ses sens, votre âme avec toutes ses pensées, votre volonté avec tous ses vouloirs, votre cœur avec toutes ses affections ; prenez votre vie tout entière, votre vie de chaque jour avec tous vos travaux, vos souffrances, vos peines, vos luttes, vos efforts, vos bonnes actions et dites à Dieu : Seigneur, tout cela est pour vous, je vous offre tout en union avec mon Jésus, par le Cœur immaculé de ma Mère et avec votre Prêtre au Saint Sacrifice de l'Autel.

Cette offrande de vous-même, faites-la totalement, généreusement et joyeusement. Ne faites pas comme Caïn qui n'offrait au Seigneur que ce qu'il avait de moindre, mais offrez à Dieu ce que vous avez de meilleur, le meilleur de votre âme, le meilleur de votre cœur, le meilleur de votre vie et votre vie tout entière.

Ne faites pas non plus comme Ananie et Saphire, qui voulaient garder pour eux une partie de leurs biens, mais offrez à Dieu votre hostie tout entière ; offrez-lui tout ce que vous êtes, tout ce que vous avez, tout ce que vous faites, ne réservez rien, ne gardez rien, ni pour vous ni pour les autres (C.A.).

cinquième jour

PARDONNEZ-MOI, MON DIEU, Ô MON PÈRE

> *Dieu ne se sépare jamais de ses dons, en nous les donnant, Il se donne avec eux. Comme la mère qui étreint dans ses bras le tout petit enfant dans lequel elle se retrouve elle-même, ainsi Dieu ne peut voir l'âme qu'il s'est assimilée sans s'aimer en elle, et sans vouloir s'unir à elle, afin de poursuivre son œuvre créatrice et sanctifiante…*
>
> *Ma confiance en l'éternelle Bonté de Dieu et son incommensurable Miséricorde ne peut chanceler ou diminuer* (28 novembre et 25 décembre 1931).

Marthe est très avide de la miséricorde de Dieu pour tous les pécheurs que nous sommes, et d'abord pour elle-même. Elle va jusqu'à demander l'absolution de ses péchés par le sacrement de réconciliation avant chacune de ses communions hebdomadaires. Ce n'est pas par crainte d'être hors de l'amour de Dieu, mais par le souci de donner à Jésus un cœur le plus purifié possible pour qu'il soit l'hôte le plus intime :

Ô sainte et divine Eucharistie ! Ô mon Jésus, c'est vous qui êtes si près de moi ; mon cœur est tendrement ému. C'est donc en la divine présence de Jésus Hostie que l'humble petite hostie de son Amour va faire sa confession et recevoir le grand pardon de toutes ses fautes. Je sens mon cœur battre si fort que j'arrive à pouvoir à peine respirer, un feu tout divin et tout intérieur me brûle et ce n'est que la douce présence de Jésus en moi qui ne peut en calmer les trop vives ardeurs.

Quand j'ai dit mes péchés et que j'écoute attentivement les admirables leçons, les réconfortantes paroles et les religieux encouragements que Jésus me fait par son fidèle ministre, quand surtout il prononce d'une voix que je sens très émue : « Dans un instant Jésus va se donner à vous, Jésus va être tout à vous et vous serez vous-même toute à lui, il est le grand Ami qui va vous consoler, vous combler de ses grâces, vous montrer son amour et sa tendresse infinie, recueillez-vous, mon enfant, et faites du plus profond de votre cœur votre acte de contrition pendant que je vais vous donner l'absolution – tout mon être palpite d'émotion que je puis à peine contenir ; je voudrais pleurer abondamment, mais Jésus ne me laisse pas toujours le bienfait de mes larmes à ce moment-là, dans son Amour. Il préfère, je crois, que je pleure seule avec lui. Je dis aussi tout bas à mon Dieu : « Pardonnez-moi, mon Dieu, ô mon Père plein de miséricorde pour votre enfant ; pardonnez-moi, ô Jésus, je me repens de toute mon âme de vous avoir contristé. Vous qui êtes la Bonté même, vous qui n'êtes que tendresse envers moi, petit grain de sable. Ah, je vous promets, ô Bonté suprême, que je ne tomberai plus, que je ne vous offenserai plus, mais je vous supplie humblement d'aider ma faiblesse. »

Après les puissantes paroles de l'absolution prononcées, je sens le divin pardon de mon Dieu reposer sur moi. Oh quelle joie, quel moment incomparable, celui où Jésus près de mon lit de douleur attend que mon cœur soit purifié pour se donner à moi dans son Sacrement d'Amour, gage suprême de la vie éternelle. Il me semble que tout mon pauvre petit être s'est effacé, que ce n'est plus moi, tant le calme profond et la paix divine inondent mon cœur. Plus rien ne me tourmente, je suis confiante et rassurée. Il me semble alors que mon aimable et divine Mère, les anges et les saints sont présents dans ma petite chambre et que Jésus regarde son humble petite victime avec amour et tendresse.

Cette crainte filiale envers Dieu, ce don du Saint-Esprit, qui la pressait de demander pardon pour ses péchés, la presse aussi de se tourner vers Marie pour l'aider de sa présence intime et maternelle à recevoir parfaitement Jésus Hostie :

Intérieurement, je tombe à genoux aux pieds de la Sainte Vierge lui demandant d'ôter tout qui pourrait dans mon cœur déplaire encore à Jésus, bien que j'aie été purifiée par le sacrement de pénitence, mais de me purifier jusqu'à la moindre imperfection qui pourrait ternir la demeure de mon Dieu et de me donner un cœur tout nouveau, une âme transparente comme le pur cristal afin que Jésus y voie de tous côtés sa Face adorable. Je la supplie de bien veiller sur son enfant, sur toutes mes bonnes résolutions, mes promesses et de vouloir toujours être ma bien-aimée Médiatrice auprès des Trois Personnes de la Sainte Trinité. Ô Marie, donnez-moi vous-même à Jésus ! Oh, que la sainte communion est bien le plus grand de tous les bonheurs (18 août 1930).

Combien de chrétiens se contentent aujourd'hui de recevoir le pardon de leurs péchés, dans le sacrement de réconciliation, seulement une fois l'an, selon la règle canonique, et encore ! Cela ne les empêche pas de communier, souvent même, en se disant qu'ils n'ont pas commis de péchés graves qui les éloigneraient de Dieu.

En revanche, dans le « Renouveau spirituel » de l'Église dans lequel Marthe est comme un phare projetant au loin de puissants faisceaux de lumière, la reprise de l'habitude de la confession fréquente est très caractéristique. L'Esprit Saint anime, à n'en pas douter, bien des communautés nouvelles ; nous verrons que la plupart ont eu des relations étroites avec Marthe et les *Foyers de Charité*.

Il est bon de méditer l'attitude de Marthe dans la fréquentation du sacrement de réconciliation. Bien sûr elle est un modèle unique et quasi inimitable ; cependant, c'est vers cet idéal qu'un chrétien fervent doit toujours tendre, car, comme elle le dit : *L'hostie de votre sacrifice, de votre messe, c'est vous-même : c'est vous avec tout ce que vous êtes, tout ce que vous avez, tout ce que vous faites* (cf. « quatrième jour », p. 46). Et elle insiste, pour mieux lier confessions et communions :

Vous avez donc vous-même votre hostie ; mais elle doit avoir quelque ressemblance avec celle du Prêtre, qui est formée du froment le plus pur, qui de plus est un pain azyme, c'est-à-dire sans levain.

Vous aussi vous devez être des hosties sans levain. Ce levain dont je vous parle symbolise tout ce qui n'est pas pur, tout ce qui est mauvais, tout ce qui n'est pas selon l'esprit chrétien. Vous devez donc éliminer de vous-même toute trace de ce triste levain, dont une seule miette suffit à contaminer toute la pâte. Cherchez en vous, dans votre esprit, dans votre volonté, dans votre cœur, dans vos intentions, dans toutes vos actions, vos pensées et vos désirs, tout ce qui n'est pas absolument digne d'une bonne et parfaite vie chrétienne… et puis arrachez-le, détruisez-le, chaque jour dépouillez-vous de quelque chose, purifiez-vous davantage, sanctifiez-vous sans cesse. Chaque jour devenez plus surnaturelle, plus pure, plus sainte, plus divine, et, alors votre hostie ressemblera un peu mieux et toujours plus à celle du prêtre (C.A.).

Marthe met en pratique pour elle-même les conseils qu'elle donne aux autres. Elle ne veut jamais se considérer comme supérieure à quiconque. Bien au contraire :

...Dans un suprême élan de tout mon être, je me redonnais à Dieu pour une nouvelle assimilation, une plus complète configuration au sacrifice du Christ, et j'ai connu cette union, cette mystérieuse transformation comme une puissante réalité. Revenue à moi, j'ai pensé que c'était peut-être mal d'appeler, de désirer la chère Présence, de vouloir la transformation complète. Tremblante de peur, j'ai demandé pardon, suppliant le Père d'éloigner de moi toute consolation, douceur, de ne me donner Jésus que dans ses souffrances et dans ses agonies.

Ce n'est pas des visions et des consolations que je veux, mais de plus grandes lumières sur ma misère... (14 avril 1932).

Tout est dit. Marthe désire qu'on la rencontre et la reconnaisse dans sa « misère » et non dans le « merveilleux » de l'action divine en sa personne.

sixième jour

LA JOIE DANS LA CROIX

Celui qui n'aura pas connu l'angoissante douleur ne pourra jamais pleinement goûter les beautés de la joie profonde. Quoi de plus beau cependant disent les raisonneurs : qu'une âme pure dans un corps sain ? Cela est beau et très vrai assurément, mais encore borné et bien incomplet. Il y a quelque chose d'immensément plus vaste et plus profond, de plus héroïque et plus divin, de plus délicatement noble et vibrant : c'est une âme saine dans un corps souffrant. Une âme qui résiste à la contagion de la détresse vitale et dont la souffrance sans cesse dépassée, offerte et sanctifiée est le fruit pur et divin d'une continuelle victoire.

Loin de chercher à pénétrer ce grand et divin mystère de la souffrance, la plupart des hommes détournent leur visage de la douleur comme si elle n'avait rien à leur apprendre de noble, de juste et de valable (date et source inconnues).

On le voit, Marthe a bien compris le message de Thérèse lors de ses « visites » en octobre 1926 : *Celui qui n'aura pas connu l'angoissante douleur ne pourra jamais pleinement goûter les beautés de la joie profonde.* C'est bien dans cette vie faite de deux sentiments si vivement contrastés – douleur et joie – que Marthe a pris le « relais » de la mission de Thérèse. Mais *loin de chercher à pénétrer ce grand et divin mystère de la souffrance*, n'essayons pas de sortir de ces deux sentiments vraiment incompatibles au niveau de l'humain, mais que l'on peut vivre ensemble en notre âme au niveau divin de l'Amour. Précisément pour saint Augustin « le mystère n'est pas ce que l'on ne peut pas comprendre, mais ce que l'on n'aura jamais fini de comprendre ». Marthe dans sa longue vie de crucifiée n'aura jamais fini de comprendre le Mystère de Jésus qui, en s'abandonnant totalement à l'Amour de son Père, a su dépasser, sans l'abolir, cette cruelle contradiction lorsqu'il meurt sur la Croix : « L'Amour est fort comme la Mort » (Ct 8,6) :

Jésus a volontairement accepté la souffrance et la croix et Il la propose à tous ses frères en ce monde comme moyen unique de sanctification et de salut : « Si quelqu'un veut venir après Moi, qu'il se renonce lui-même, qu'il prenne sa croix chaque jour et qu'il me suive » (Lc 9,23). Il sait et Il nous enseigne sans distinction de race et de condition que la souffrance est la marque et le vivant témoignage de l'Amour...

L'Amour de Jésus s'est pleinement manifesté au monde dans le calice de la souffrance. Chaque goutte de sang du Christ a un langage d'éternité. Et dans chaque goutte du sang de mon Jésus je trouve empreinte la victoire de l'Amour sur la haine, du Bien sur le mal, de la Vie sur la mort, de Dieu sur Satan (date et source inconnues).

Quelques semaines après, Marthe éprouve en elle-même ces deux sentiments si contrastés de douleur et de joie dans une intimité quasi sensible avec Jésus se faisant comme une *maman*. À cette époque, Marthe, tout abandonnée à Dieu certes, n'est pas encore immolée par Jésus et comme Jésus sur la croix. Elle gardera vivante en son cœur cette joie de ce moment d'intimité, qui se renouvellera toujours aux heures de plus grande douleur :

Avec quel Amour, Jésus entoure ma vie souffrante ! Comme une Maman qui apprendrait à faire les premiers pas à son tout petit enfant, ainsi Il m'apprend lui-même la manière de me livrer à son amour, de m'abandonner à sa divine volonté. Je me livre à Lui je ne sais comment ? C'est comme s'il me tenait amoureusement sur son cœur et même dans son cœur, toute enveloppée dans son amour, toute silencieuse et cachée en Lui. Tout mon cœur brûle des divines ardeurs et des embrasements du sien. Je me sens vivre et mourir dans sa puissante étreinte. C'est si doux et si douloureux à la fois que j'en suis tout éperdue et comme anéantie par moments. Je ne souffre plus et cependant je souffre d'une nouvelle souffrance qui, me semble-t-il, ne doit plus finir (2 mai 1927).

Cette vie contrastée des sentiments de joie et de souffrance n'est pas aux yeux de Marthe son privilège. Les chrétiens – et tous les hommes dignes de ce nom, puisque Dieu a dit : « Faisons l'homme à notre image, comme notre ressemblance » (Gn 1,26) – ont intérêt à méditer ces réflexions étonnantes de notre humble paysanne :

Le cœur de l'homme, dit-on, se mesure à l'accueil qu'il fait à la souffrance car elle est en lui l'empreinte d'un autre que lui. Elle tue quelque chose de nous pour y mettre quelque chose qui n'est pas nous. Et voilà pourquoi elle nous révèle ce scandale de notre liberté, de notre raison.

Nous ne sommes pas ce que nous voulons et pour vouloir tout ce que nous sommes, tout ce que nous devons être, il faut que nous comprenions, que nous acceptions sa leçon et ses bienfaits.

Ainsi la souffrance est en nous comme une semence divine, comme le grain de froment qui doit mourir avant de germer. Elle est la base nécessaire à une œuvre plus pleine.

Qui n'a pas souffert d'une chose, ni ne la connaît, ni ne l'aime.

Et le sens de la douleur, c'est de nous révéler ce qui échappe à la connaissance et à la volonté égoïste, c'est d'être la voie de l'amour effectif parce qu'elle nous déprend de nous et de nos tendances humaines pour nous donner à nos frères et nous donner à tous (M.B.).

Ainsi l'amour, qui surpasse ces deux sentiments, humainement incompatibles, de souffrance et de joie, a valeur rédemptrice pour toute âme qui se laisse prendre par Dieu, car il ne peut venir que de Jésus. Impossible sans Lui de supporter la douleur physique et les souffrances qui affligent notre âme, et qui, seules, sont causes de désespoir. Mais attention, dans la spiritualité de Marthe aucun dolorisme ni aucune conception d'un Dieu censé aimer la souffrance :

Sans doute, dans le calme d'une vie moyenne, la vie paraît souvent s'arranger d'elle-même. Mais en face d'une douleur réelle, il n'y a point de belle théorie qui ne semble vaine ou absurde. Dès qu'on approche, on éprouve quelque chose de vivant et de souffrant. Les systèmes sonnent creux, les pensées restent inefficaces. La souffrance, c'est le nouveau, l'inconnu, le divin, l'infini qui traverse la vie comme un glaive révélateur, en nous montrant les désirs divins du Christ en chacun de nous (M.B.).

Oui, Jésus nous apprend à voir plus haut, plus loin, avec plus d'amour surtout, ce que le langage humain appelle douleur et souffrance mais qui n'est en réalité que la condition suprême d'une éternité de bonheur et d'amour dans le ciel.

D'ailleurs, tant qu'on ne s'est pas abandonné sans réserve aux folles étreintes de la Croix, on n'a pas satisfait à la divine jalousie du Bon Dieu.

Au cœur même de son « immolation » sur le modèle de Jésus, en ces premiers jours d'octobre 1930, Marthe se sait déjà soulevée vers les hauteurs des cieux par une vivante espérance dans sa marche sur le douloureux chemin de la Croix :

Quand on suit Jésus dans la voie douloureuse, la voie des souffrances et des larmes, on apprend bien vite que le Dieu qui afflige est aussi le Dieu qui console de tout. Et ce qui apparaît le plus austère, c'est-à-dire le renoncement, le sacrifice, n'effraie plus le cœur qui aime Dieu et n'appartient qu'à Lui. Ce n'est plus un fardeau ni un joug mais plutôt un autel. Rien n'est beau devant Dieu que l'oblation de soi-même quand on souffre…

Tout devient de plus en plus mystère pour moi, mais qu'ai-je besoin de savoir, ce n'est pas à moi ni à personne à sonder les secrets de Dieu. Je n'ai qu'à adorer, accepter, bénir et m'abandonner pleinement à la Providence (1ᵉʳ et 8 octobre 1930).

septième jour

SUIVONS JÉSUS
AVEC MARIE, SA MÈRE

La belle mission de Marie est d'amener à Jésus tous ceux qui vont à elle...
Suivons Jésus et suivons-le avec Marie son incomparable Mère, attachons nos regards non uniquement sur sa divinité, mais sur son humanité sainte, sur son humanité souffrante : Jésus le modèle parfait, le modèle complet, le modèle de tous.
Regardons-le, regardons-le souvent, regardons-le longuement, regardons-le toujours, non pour le copier dans ce qu'il a fait – on ne devient pas saint par copie – mais pour lui ressembler dans ce qu'il est : doux et humble de cœur, rempli d'amour, rempli de charité, de compassion et de pardon, pour tous, obéissant et obéissant jusqu'à la mort sur la Croix, pauvre dans sa naissance, dans sa vie et à sa mort, pauvre sans égal (3 février 1930).

N'allons pas demander à Marthe quelque cours de théologie mariale ! En revanche, qui connaît mieux

Marie non de connaissance cérébrale, mais de cette science qui naît de la longue intimité de deux personnes qui se chérissent comme Marthe et la Mère de Jésus ? Marthe le dit elle-même, le jour où l'Église célèbre la nativité de Marie :

L'intime union de nos vies ne va que, maternellement et filialement, se resserrant chaque jour, si bien que le cœur si pur de la Sainte Vierge est devenu le cœur de son enfant. Ô délicieux mystère.

La très Sainte Vierge Marie est la bénie entre toutes les femmes, la Vierge élue entre toutes parce qu'elle fut la plus pure, oui peut-être ; mais surtout parce qu'elle fut la plus humble. Elle n'est devenue la Reine du ciel, le modèle de tous les saints qu'après avoir été la plus parfaite, la plus douloureusement martyrisée dans son être intime. Étant née pour être l'auguste Mère de Jésus, elle devient aussi grande sainte qu'elle sut être sainte Mère. Elle eut le don de faire accorder la sainteté de sa vie à sa dignité de Mère de Dieu.

Que cette admirable et « adorable » créature qui fut si fidèle, si belle dans ses difficiles et délicieux devoirs nous soit chère au-dessus de tous les saints, non seulement quand sa fête rayonne au firmament de l'Église, mais chaque jour, à chaque instant. Je voudrais que sa spiritualité si parfaite et si simple, son obéissance de fille bien-aimée du Père, sa délicate prudence de Vierge, son tendre amour de Mère, sa pure affection d'épouse (de Joseph), sa gracieuse et suave bonté pour tous éclatent de toutes parts, afin que le monde sache que le surnaturel n'étiole pas les humaines affections, qu'il ne fait au contraire que développer, grandir, sanctifier et diviniser les merveilleuses qualités du cœur.

Belle de la beauté de Dieu, elle est féconde de la fécondité de Dieu. Sa splendeur incomparable extasie la vue en ravissant le cœur (8 septembre 1931).

Elle m'avait dit, lors de notre première rencontre, le 31 décembre 1945 : *Père, Marie n'est pas seulement mère humaine comme une autre mère, mieux bien sûr puisqu'elle fut elle-même conçue dans la sainteté ; mais elle est avant tout la Mère de Dieu : elle est « la divine Maternité », comme elle est « l'Immaculée Conception ». C'est son nom personnel, qu'elle a révélé à l'Église par Bernadette…* (cf. supra, p. 16).

Lorsque j'ai été amené à étudier les nombreuses *notes* dictées par Marthe, je fus tout de suite intéressé par l'intimité de vie qu'elle avait eue avec la Mère de Jésus au point que, avec l'autorisation nécessaire, j'ai publié un petit ouvrage sous le titre : *Marthe Robin, sous la conduite de Marie*. Tout en insistant sur la maternité authentiquement humaine de Marie, elle comprend, dans sa foi pleine d'amour, que la Mère de Jésus doit en même temps être désignée d'un nom unique – *Maternité divine* – qui manifeste l'engagement de toute sa personne dans la mission de son divin Fils venu restaurer l'amitié des hommes avec Dieu son Père :

La maternité divine a revêtu la Sainte Vierge d'une

grandeur qui ne peut avoir d'égal ni sur la terre, ni dans le ciel. Elle la place au-dessus de tout ce qui n'est pas Dieu. Elle lui donne, par participation, la puissance que Dieu a par nature, et on peut dire qu'il ne se passe rien au ciel et sur la terre sans qu'elle n'intervienne.

La maternité divine a donné à la Sainte Vierge dans ses rapports avec nous, la tendresse bienfaisante d'une Mère, l'autorité incomparable d'une Reine. Marie, Mère de Dieu, Reine d'amour participe à la Médiation du Christ et à toutes les grâces que le Christ nous a acquises, elle a mérité d'en devenir la distributrice. C'est elle qui distribue tous les dons, toutes les vertus, toutes les grâces à qui elle veut, quand elle veut, de la manière et dans la mesure qu'elle veut (3 février 1930).

(Je ne reprends ici que la fin d'une méditation de Marthe sur la Vierge, Mère de Dieu ; on la trouvera intégralement dans mon ouvrage, pp. 75-81).

Encore une fois Marthe ne parle pas du mystère de Marie en théologienne, mais l'a vécu spirituellement. Elle vient de le dire quelques jours auparavant, le 22 janvier :

Qu'y a-t-il de plus vrai, de plus magnifiquement beau que le dogme ? Que j'aimerais étudier pour pénétrer dans la profondeur des mystères ! Parfois j'envie ceux qui ont le bonheur de faire de la théologie ! Mais l'oraison, la divine contemplation ne dépasse-t-elle pas de bien haut en connaissance, en amour, en puissance, les plus fortes études.

L'expérience est plus profonde, plus lumineuse, plus féconde, que la science (M.S.).

Pour moi, toute ma théologie, toute ma science, c'est l'amour, l'union de mon âme à Dieu, par Jésus-Christ avec la Sainte Vierge, rien de plus et rien de moins. Là est mon sommet et mon Tout, je ne désire pas savoir davantage. Je vis en Dieu portant sa vie, sentant en moi sa force et son amour, goûtant sa joie, dans une si douce et si intime union que toutes mes souffrances, toutes mes peines en sont changées en joies. Une âme peut être ignorante en beaucoup de choses et être capable de savoir aimer Dieu splendidement.

Marthe nous donne un enseignement, fruit de son expérience spirituelle de contemplative :

Je relève un point de la conversation où il fut question de la vie d'union à Jésus par Marie, d'aimer Jésus en allant à Marie, de faire régner Jésus en nous par Marie. Quoi de plus essentiel ? Dieu nous a donné Jésus par Marie, donc il faut aller à Marie pour atteindre Jésus. (Marthe connaît bien saint Louis-Marie Grignion de Montfort). « *Nul ne va à mon Père sans ma permission* » *(dit Jésus)*. Marthe complète : « *Nul ne peut venir jusqu'à moi sans venir par ma Mère.* » *Marie n'est pas l'auteur de la grâce, mais elle est Reine du monde de la grâce. Bien au-dessus des anges, rien ne lui reste voilé. Elle pénètre les confins de la Trinité, les confins de la Divinité. L'amour du Seigneur pour sa sainte Mère est incomparable. La*

Vierge est tout sur le Cœur de Dieu. Elle en est la trésorière bien-aimée, la médiatrice toujours agréée, la distributrice toujours approuvée, la distributrice vigilante et souveraine.

L'âme qui choisit Marie pour avocate est sûre que ses prières, ses demandes seront exaucées. Jésus ne refuse rien à Marie. Elle n'a pas besoin de demander, elle puise. Tout droit lui est concédé. Le Seigneur a mis en elle toutes ses complaisances. Marie, c'est la Vierge puissante, la Vierge pleine de bonté, la porte du ciel, Notre-Dame d'Amour. Elle écoute la prière qui jaillit du cœur pur, humble, simple et confiant...

Qui aime vraiment Marie peut s'estimer bien heureux, car il est sûr d'être aimé du Sauveur. Ah, si l'on pouvait concevoir toutes les merveilles opérées par Marie dans les âmes. Dire que Marie est Reine du ciel et de la terre est très beau, très vrai ; dire qu'elle est Mère de tous les cœurs, médiatrice de toutes les causes qui pénètrent au ciel est plus sublime encore... (26 octobre 1930).

En écho de Thérèse qui avait dit : « On sait bien que la Sainte Vierge est la Reine du ciel et de la terre, mais elle est plus mère que reine... » (*Novissima verba*, p. 154).

huitième jour

PAR JÉSUS TOUTE MARQUÉE DES DOULEURS DE MARIE

> *Jésus, que je sois votre épouse toute marquée des douleurs et de la pureté de Marie. Qu'y a-t-il que nous ne ferions pas si nous savions nous donner à Jésus, à son Amour crucifiant, si nous voulions nous pénétrer de Lui, ne faire qu'un avec Lui ?* (27 septembre 1931).

Peu à peu, Marthe prend conscience que les souffrances du corps ne sont pas dissociables des souffrances du cœur pour l'unir plus intimement à Jésus. Certes, au pied de la Croix, la Vierge Marie n'a pas été marquée visiblement dans son corps des plaies sanglantes de son Fils. Mais ses souffrances n'ont-elles pas été d'autant plus douloureuses parce que ressenties jusqu'à l'intime de son être, âme et corps, lorsque la lance qui traversa le cœur de Jésus déjà mort atteignit le cœur de sa Mère bien vivante et donc toujours capable de souffrir dans sa chair, comme l'avait prédit Syméon (Lc 2,35) ? Marie est la Vierge Martyre comme elle est l'Immaculée Conception. Marthe se veut *marquée des douleurs et de la pureté de Marie*. C'est le sens précis de sa méditation de ce 27 septembre :

Le cœur est l'expression vivante et palpitante, le foyer de tous nos sentiments.

Nouvelles croix morales et combien déchirantes. Ne pas les laisser transparaître pour pas qu'on s'en aperçoive, pour n'attrister personne.

Ne laisser le flot douloureux déborder que dans le Cœur du bon Maître, qui le connaît, en sait l'invisible martyre. Tout pour l'amour de Dieu ! Tout par amour et dans l'amour en union à Marie, médiatrice compatissante.

La souffrance est tout un monde de mystère et de miracles, tout un abîme de merveilles. Elle est expiatrice, sanctifiante et réparatrice ; et plus que tout, elle est médiatrice et rédemptrice, si nous savons bien l'accepter, l'aimer, l'offrir à Dieu pour nous tous.

Être clouée sur la croix n'est pas assez, il est mieux encore d'être crucifiée avec Jésus dans le secret de son cœur, dans l'intime de son âme. Souffrances de l'âme, souffrances du cœur, souffrances du corps, rien ne manque chaque jour, le trésor est au complet. Quelles célestes richesses !

Que je sois votre épouse toute marquée des douleurs et de la pureté de Marie...

(la suite dans l'exergue, ci-dessus).

Marthe y voit non seulement sa sanctification personnelle, mais aussi le sens profond de sa mission de médiatrice, comme Marie qui nous a été donnée pour

Mère, au pied de la Croix, alors que son cœur souffre de toutes les souffrances que porte Jésus en son corps et en son Cœur :

Quelle vocation nous est réservée ! Quelle noble mission divine, non seulement en vue de nous préparer à une éternité bienheureuse, mais surtout pour que le Dieu qui nous a tant aimés soit glorifié par nous et par beaucoup, beaucoup d'autres âmes que nous lui aurons aidé à sauver. C'est si bon, si bon immensément de se donner à Dieu et de tout lui donner aux intentions de l'Église, du Souverain Pontife et en faveur des âmes, d'être son hostie de louange et d'amour quand on est sa victime.

Marthe dit « fiat » comme Marie l'a dit à Dieu par l'ange de l'Annonciation et qu'elle renouvela au pied de la Croix, lorsque, de son cœur si douloureusement affecté, elle accepta d'être notre mère. Seule Marie a communié spirituellement avec Jésus jusque dans sa mort. Elle a souffert les douleurs de l'enfantement d'une mère pour son enfant. Elle est ainsi devenue Mère de l'Église en enfantant spirituellement le disciple bien-aimé, premier membre de l'Église dont Jésus est la Tête. Nous comprenons pourquoi Marthe voudra tellement voir proclamer « Marie, Mère de l'Église » par Paul VI pendant le Concile :

Fiat *quand Dieu nous choisit,* fiat *s'il nous martyrise,* fiat *au sommet du Thabor,* fiat *sur le chemin du calvaire,* fiat *dans les bras de la croix,* fiat *et merci toujours.*

Ô Dieu vivant dans mon cœur, vous savez combien je vous aime !

Son désir ardent est d'entraîner les âmes dans son amour pour le Seigneur. Comme toutes les vraies mystiques, Marthe voudrait tant le consoler pour toutes les souffrances que nous lui faisons endurer par notre éloignement de Lui et de son Père, car nous sommes tous pécheurs, mais capables de revenir même par la « petite voie de l'amour » :

Que faut-il pour consoler et réjouir le Seigneur ? Des âmes aimantes et fidèles à la grâce, des âmes généreuses, des âmes sacerdotales. Ah, si nous savions tout ce que son Cœur aimant peut recueillir d'amour dans un soupir de douleur, une souffrance cachée, une privation qui coûte, un sacrifice joyeusement consenti, un sourire qui cache des larmes.

Si, par impossible, la divine Justice me demandait à prolonger ma vie de souffrance de corps et de l'âme jusqu'à la fin des temps, même pour une seule âme je n'hésiterais pas à dire joyeusement oui.

« Pour moi le Christ est ma vie » (Ph 1,21), mes yeux et mon corps, tout mon être est plein de Lui, et un besoin qui me brûle, me dévore : le montrer.

Hélas ! Ce n'est pas vous tout entier, Seigneur, que je montrerai ; ce n'est qu'un simple rayon de votre Divinité ; une simple goutte de l'Océan de votre vie, une simple étincelle de la fournaise de votre Amour. Mais j'espère que ce rayon fera aimer le Foyer dont je viens, que cette goutte fera aimer l'Océan dont je sors, que cette étincelle fera aimer le Brasier dont je suis. J'ai confiance que l'abandon de ma vie dans les mains de l'Amour et la volonté adorable de Dieu sera un jour pour tous un « Sursum corda ».

Je confie toutes choses à ma Mère bien-aimée et je m'abandonne entièrement dans ses bras, afin qu'elle m'aide à sanctifier et à offrir à Dieu chaque minute qu'il me donne dans tout ce qu'elle contient (7 octobre 1931).

Marthe a vécu intensément la « maternité spirituelle » de Marie, comme le « disciple bien-aimé » qui l'a prise chez lui, dans son intimité, dès l'instant où Jésus la lui donna pour mère (cf. Jn 19,26-27). Elle est ainsi corporellement « crucifiée » comme Jésus et spirituellement unie à Jésus et Marie dans leur cœur-à-cœur, lorsque Jésus dans « le dernier souffle, remit l'Esprit » (*Ibid.* v. 31). Elle demande au Père, avec toutes les autres grâces nécessaires à sa vocation, cette grâce spéciale d'union intime avec Jésus et sa Mère, grâce qui la fera vivre sur terre pendant 50 ans. C'est un jour de sa communion hebdomadaire :

Ô Père, accordez-moi, je vous en supplie, toutes les grâces que vous savez m'être nécessaires pour trouver chaque jour le degré d'amour et d'humilité où vous me voulez et où vous voulez ceux que j'aime. Je vous abandonne mes intentions les plus chères et les dépose au pied de votre Trône de Gloire, vous demandant pour nous tous avant toutes choses l'amour de mes devoirs et l'abandon filial à votre adorable volonté. Daignez accueillir, je vous prie, mes faibles actions de grâce avec mes demandes unies à celles de mon bien-aimé Jésus et de ma Mère chérie.

Ô Père souverainement aimable, ne regardez plus maintenant votre pauvre petite enfant qu'en Marie, la Mère de la divine Grâce, par laquelle vous la voyez sans cesse unie à Jésus-Victime. Ah ! je voudrais tellement montrer à tous le Christ plein d'Amour et de Miséricorde pour les attirer à Dieu. Je voudrais voir tous les peuples abjurer l'erreur et venir s'agenouiller aux pieds de Jésus-Eucharistie, l'aimer comme je l'aime.

Que je l'ai implorée, cette mère compatissante, de garder mon cœur toujours humble et aimant comme aujourd'hui, pur et odorant comme un lys qu'elle puisse sans cesse offrir à Dieu (13 octobre 1931).

Marthe est bien consciente que l'Esprit Saint lui inspire des paroles qui la dépassent, mais qu'elle voudrait tant faire connaître pour que le « Feu » apporté sur la terre par Jésus *embrase l'univers :*

Que faire, ô mon Jésus si cher ? Que faire pour qu'on vous cherche, pour qu'on vous aime et pour que le Feu que vous êtes venu apporter sur la terre, selon votre divin désir, embrase l'univers ? Quelle souffrance de ne pouvoir se faire entendre, se faire croire, quand cependant on mourrait avec tant de joie pour affirmer…

Que mon cœur chante sans fin le pur Cantique de

l'Amour et que je vous suive, ô mon Bien-Aimé, pas à pas et par amour, unie à Marie, ma bien douce Mère, jusque dans les hauteurs de votre Gloire. Que toutes les puissances de mon âme s'épuisent à vous louer et à vous bénir, et qu'elles se consument de bonheur et d'amour (16 février 1932).

neuvième jour

ALLONS DONC À MARIE, NOTRE MÈRE

Allons donc à Marie puisqu'elle est notre mère, la nôtre à chacun ! Allons à elle puisqu'elle est l'universelle médiatrice entre Dieu et nous. Ah ! si nous savions nous faire bien petits ! Si nous savions tourner nos regards et nos cœurs vers celle qui nous aime tant.
Que de belles vertus, que de bons conseils, cette humble Vierge, cette tendre mère, cette noble reine nous apprendrait sur les avantages de l'humilité, les exigences de la charité, la sagesse de l'obéissance, les douceurs de l'abandon à Dieu, les joies de la confiance (3 février 1930).

Depuis qu'elle s'est abandonnée à Dieu, Marthe n'a cessé de lui dire : *Fiat* en se mettant dans le cœur de Marie. Elle aime se dire *la petite servante de la Servante du Seigneur.* Elle sait que tout le mystère de Marie est contenu comme en germe dans l'Annonciation (Lc 1,26-38). Dans la prière de l'Ave Maria – Je vous salue, Marie – se trouvent réunies, comme les deux volets d'un diptyque, la salutation de l'ange Gabriel et celle de sa cousine Élisabeth. Le chrétien contemple Marie, cette femme, Vierge et Mère, *belle entre toutes,* dit Marthe. La prière du Rosaire est née de la prière de l'Ave Maria.

Après le concile, j'ai fait partie d'une petite commission chargée d'étudier l'histoire du Rosaire en vue d'un vivant et fécond apostolat pour notre temps. J'en parlais à Marthe qui s'y intéressa vivement. Depuis l'enfance elle aimait dire son chapelet. Mais de plus en plus elle s'attachait à la contemplation des mystères au point que l'on peut exprimer ainsi la manière dont elle vivait la prière du Rosaire : *Quand je commence mon chapelet je m'arrête longtemps à contempler Marie en la saluant et je ne peux guère aller plus loin dans la récitation.*

C'est le moment de rappeler ce que Paul VI a dit du « Rosaire » dans son importante *Exhortation sur le culte marial* du 22 mars 1974 :

« On sait que, dans la prière du Rosaire, pour favoriser la contemplation et pour que l'intention corresponde aux paroles, on eut, dès les premiers temps, l'habitude de faire suivre le nom de Jésus, dans chaque "Ave Maria", de la mention du mystère énoncé… Sans la contemplation, le Rosaire est un corps sans âme, et sa récitation court le danger de devenir une répétition mécanique de formules et d'agir à l'encontre de l'avertissement de Jésus : "Quand vous priez, ne rabâchez pas comme les païens ; ils s'imaginent qu'en parlant beaucoup ils se feront mieux écouter" (Mt 6,7). Par nature, la récitation du Rosaire exige que le rythme soit calme et que l'on prenne un temps, afin que la personne qui s'y livre puisse mieux méditer les mystères de la vie du Seigneur, vus à travers le cœur de Celle qui fut la plus proche du Seigneur, et qu'ainsi s'en dégagent les insondables richesses » (n° 45-47).

J'ai expliqué à Marthe que « la petite mention du mystère énoncé après le nom de Jésus dans chaque Ave Maria » s'appelle « clausule » et que cela donnait l'avantage d'inclure la contemplation dans la récitation. Par exemple : « Je vous salue, Marie, pleine de grâce, le Seigneur est avec vous, vous êtes bénie entre toutes les femmes et (Jésus), le fruit de vos entrailles est béni, Jésus qui a été conçu en vous par le Saint-Esprit, ou Jésus qui est mort pour moi sur la Croix… ». Marthe, très intéressée, demanda au père Finet de réciter ensemble lui, elle et moi, un chapelet avec les clausules. J'ai été impressionné par la manière dont Marthe prononçait chaque Ave d'une voix à la fois lente, légère mais soutenue, joyeuse. On sentait que sa contemplation pénétrait la récitation.

Je comprends qu'il faut respecter l'usage établi, car, si le Rosaire est une prière d'Église, elle n'appartient pas à la Liturgie officielle. « Il ne convient pas de bousculer les habitudes du bon peuple de Dieu », me disait le père Finet.

Les « groupes de prière » et plus précisément les

« communautés du Renouveau » se sont mis à prier le Rosaire avec les clausules.

Évidemment, cela prolonge un peu le temps de la récitation ; mais avec quels fruits supplémentaires ! Aux premiers temps du Rosaire, il n'y avait que la première partie de l'Ave Maria ; car la deuxième, la prière Sancta Maria – « Sainte Marie, Mère de Dieu… » – créée en Espagne à la fin du XVe siècle, n'a été introduite dans la prière du Rosaire que dans la seconde moitié du XVIe. Est-ce en raison de la nouvelle récitation que la clausule fut peu à peu supprimée ? Pourtant les pays de langue germanique l'ont conservée pour la plupart.

Mais comment relier la contemplation de l'Ave Maria suivi de la clausule au Sancta Maria qui est une prière d'intercession ? Marthe comprenait bien cela ; c'est pourquoi elle disait qu'il convient de réciter très lentement le Rosaire pour vivre dans le cœur les mystères contemplés.

À l'occasion d'une nouvelle rencontre, l'année suivant notre chapelet, Marthe me dit : *J'ai fait dire le chapelet avec les clausules aux enfants de l'école, c'est excellent.* Marthe voulait me faire comprendre que s'il ne fallait pas bousculer sans préparation les habitudes des adultes, comme on l'a fait, parfois, pour la Liturgie après le concile, en revanche dès le bas âge les enfants apprendront à réciter la prière du Rosaire en y incluant comme une image le mystère contemplé, qu'on aura présenté auparavant. Voilà la signification de la clausule.

Le chapelet ne sera plus une « répétition mécanique de formules », danger que soulignait Paul VI, si on inclut la contemplation du mystère dans la récitation.

Il ne convient pas cependant de perdre la si belle prière d'intercession, le Sancta Maria que Marthe aimait prier ainsi : *Sainte Marie, mère de Dieu, priez pour vos enfants pécheurs, maintenant et à l'heure de notre mort.*

Le rythme lent et soutenu de la récitation enrichit la méditation, quitte à dire – pour ceux qui prient leur Rosaire en entier – moins d'Ave en chaque dizaine ou de réciter dix Ave suivis chacun d'une clausule et réciter à la fin la prière d'intercession, le « Sainte Marie... » une ou plusieurs fois.

Je connais des chrétiens, religieux et laïques, qui avaient perdu la pratique du Rosaire et qui l'ont reprise, même intégralement, de cette manière avec les 15 mystères classiques allant de l'Annonciation au Couronnement de Marie dans le ciel. Que de moments perdus dans une journée par les allées et venues qui se retrouvent spirituellement comblés grâce à la récitation des Ave ainsi médités !

Je disais à Marthe que j'aimais renouveler chaque jour ma consécration à Marie. Et elle de me reprendre d'un ton assuré : *Père, vous aimez vous donner, laissez-vous prendre !.*

Marthe faisait sienne la parole de Jésus : « Si vous

ne changez pas et ne devenez comme les enfants, vous n'entrerez pas dans le Royaume des Cieux » (Mt 18,3). En se faisant tout petits à l'égard de notre Mère reçue de Jésus lorsqu'il meurt sur la Croix, nous apprendrons à être de vrais enfants du Père :

Essayons donc de nous faire petits, tout petits, auprès de Marie notre Mère, quand on souffre, quand on pleure, quand on est seul et bien triste, on a tant besoin de secours, on a tant besoin de sentir une maman auprès de soi ! Et qui donc ne souffre pas ? Qui donc ne pleure pas ? Qui donc n'a pas besoin de se faire consoler, de se faire pardonner, de se faire aimer, de se faire guérir ?

Oh oui, apprenons à nous faire bien petits et à ne rien faire sans le conseil, sans le secours, sans l'inspiration et le consentement de notre Reine chérie ! Qu'elle soit toute notre confiance et toute notre espérance en Dieu.

Elle est Mère, et comme Mère, elle est d'autant plus empressée à voler au secours de son enfant, qu'il implore son aide avec plus de confiance et plus d'amour.

Si des grâces temporelles nous sont nécessaires, elle nous les obtiendra, à la seule condition cependant qu'elles se rattachent à la vie surnaturelle, c'est-à-dire à la Gloire de Dieu et au salut des âmes. Ne demandons pas des choses qui ne peuvent ni glorifier Dieu, ni être salutaires à notre prochain, ni nous mener au ciel (3 février 1930).

dixième jour

DIEU VEUT AVOIR BESOIN DE MOI

Ce matin, après la communion, l'extase m'a soudainement et brusquement saisie. J'ai éprouvé l'union particulière (union mystique de mon âme avec Dieu)...
Les choses se passèrent avec l'éclat et dans la splendeur habituelle, sous le tendre regard du Père et de ma bien-aimée Maman. Cette fois, cependant, le lien d'union parut plus infrangible et plus parfait et Dieu m'ôta définitivement à moi-même et à tout. Il me traça de nouvelles directives et me donna de grandes lumières sur les grands desseins de son Amour miséricordieux sur sa chère Église... et qu'il allait avoir besoin de moi. Il m'engagea à vivre comme morte, livrée tout entière par amour à son Amour dans l'abandon total et l'offrande perpétuelle de tout mon être au divin vouloir du Père
(7 décembre 1935, V.G.).

Le 2 novembre 1932, Marthe cesse de dicter régulièrement et ses *notes* se font assez rares. Mais en cette date où l'Église nous invite à nous unir aux âmes du purgatoire, par la prière et le sacrifice, Marthe comprend plus clairement pourquoi Jésus l'a voulue *comme Lui* sur la Croix, dans la souffrance continuelle certes, mais en même temps dans la joie qui déborde toujours de son cœur. Elle entrevoit le secret de son bonheur, sa mission dans l'Église : *la sanctification de tous… pour la plus grande gloire de Dieu*, à la suite de Thérèse de l'Enfant Jésus :

J'ai trouvé la véritable joie, la seule qu'il soit permis d'envier : celle de vivre pour les autres et pour leur bonheur surnaturel et divin ; je me sens des désirs immenses de rayonner la Vérité et de répandre l'Amour, de semer en d'autres âmes les trésors spirituels qui abondent en moi tous les jours.

Oui, le zèle de la Maison de Dieu me dévore, le désir de me sacrifier pour tous m'opprime sans cesse et c'est ce qui me pousse au-devant de toutes les souffrances, de toutes les peines et des tribulations…

Mes prières, mes actes, mes oraisons, mes souffrances n'ont qu'un but : révéler à tous le secret du bonheur que je possède si pleinement et donner Dieu, le donner à tous et le donner toujours. Donc me laisser immoler, me laisser consumer et dévorer par l'Amour, pour la sanctification de tous, pour attirer les âmes, toutes les âmes à Dieu, pour les emporter sur les plus hauts sommets de la Montagne qui est le Christ, dans l'immuable tranquillité de l'éternel silence de la Sainte Trinité : là où l'on aime, où l'on vit de la grande et belle Vie du Dieu Tout Amour, où l'on s'entretient avec lui en des colloques des plus intimes et des plus délicieux.

À quelle hauteur, sur quel sommet, dans quelle inimaginable Lumière le Seigneur porterait nos âmes si nous savions répondre à ses appels d'amour et profiter de toutes les grâces qu'il nous offre. Que ma belle vie d'amour, que ma lente agonie produise des fruits, de beaux fruits éternels.

Que mon si grand bonheur, que ma belle union de ce jour serve magnifiquement à tous, qu'elle soit donnée à tous pour la plus grande Gloire de Dieu (2 novembre 1932).

Quelques mois auparavant, peu après Pâques, Marthe prend conscience que toutes les grâces de Jésus sont comme des embrasements du divin Foyer. Elle ne doit pas rester inactive, mais rayonner pour répandre ses *grâces de Lumière et d'Amour*. Tout cela prend « forme » en son esprit et son cœur, prémices des *Foyers de Lumière, d'Amour et de Charité* :

Alors qu'en mon âme siège un vivant incendie et que je reçois sans cesse les embrasements du Foyer ; alors qu'en tout mon être bouillonne un fleuve de vie dont la poussée d'un courant toujours plus rapide y creuse des abîmes effrayants et enthousiasmants, souffrirai-je de rester une flamme sans chaleur, un brasier éteint, une eau dormante, une fleur sans beauté et sans parfum, une lumière trop faible pour éclairer.

Non, non, une petite victime d'amour est faite pour rayonner, pour donner Dieu, dans toute la mesure où elle possède, pour répandre dans les âmes, les grâces de Lumière et d'Amour qui se déversent en elle à l'infini.

Tout donner, se donner, c'est être profondément riche, car on n'est vraiment riche que de tout ce que l'on donne. Mourir à soi, mourir à tout, c'est se donner à tout, c'est se donner pour tous, c'est se donner à tous. Il faut perdre son âme pour la sauver…

Tout par amour et dans l'amour en union à Marie, ma Mère bien-aimée ! Seigneur, vous êtes tout ce que je veux, tout ce que j'aime, vers vous soupire mon âme (23 avril 1932).

C'est en 1933 que Marthe reçoit du Seigneur toute précision concernant la structure des *Foyers* à venir :

Chaque Foyer aura son caractère particulier pour travailler au salut, rechristianiser les foules et pour diviniser tous les hommes. Il agira en collaboration avec le centre que je veux établir ici pour l'union de la famille et des paroisses, des peuples et de l'Église, pour le bien surnaturel de tous, unis dans un seul esprit pour former une seule famille.

Effectivement, dans des circonstances que notent tous ses biographes, Marthe put réaliser concrètement, comme en ébauche, le dessein de Dieu sur elle : la création d'un foyer de charité dans l'œuvre d'une école de filles à Châteauneuf-de-Galaure. Ce qui importe à ses yeux est que cette fondation soit l'évangélisation de la Foi auprès des enfants :

Le cœur des petits enfants, n'a-t-il pas été créé pour aimer ? Pourquoi en est-il si peu qui prient ? Pourtant la prière des enfants est toute-puissante. Rien de plus beau n'est monté à Dieu que la prière des enfants. Plusieurs enfants réunis dans la prière font pour le ciel des choses merveilleuses. Ô mères, faites aimer la prière à vos enfants. Et Dieu trouvera sa gloire en vous. Soyez certaines que les anges prient au milieu des enfants et demandent avec eux.

En outre ces enfants sont enseignées et éduquées sous la direction de femmes réunies en un *foyer* où règnent la lumière de la vérité et la charité du don de soi. De plus Marthe conçoit cette œuvre en Église puisqu'en pleine harmonie avec le curé de sa paroisse. C'est vraiment l'ébauche des futurs *Foyers,* tels que le Seigneur le demande : une première « communauté de laïcs » au service de l'Église. Écoutons-la. Nous sommes dans l'année 1933 :

Je compris à ce moment ce que je n'avais pas osé, ou plutôt ce que je m'étais refusé de croire jusqu'alors, c'est-à-dire que c'était dans la paroisse même que devait s'accomplir cette œuvre de son Amour, dont il m'avait déjà parlé tant de fois, et pour laquelle il montrait actuellement tant d'insistance, demandant même que l'on fasse sans tarder la première fondation par la création d'une école pour enfants et jeunes filles, qu'il promettait, avec la très Sainte Vierge, de combler de son Amour, et de leur divine protection, en disant que l'école serait un jour une des branches de l'œuvre, d'un rayonnement efficace.

En cette même année 1933, pendant que se forgeait dans le silence et le secret l'âme d'une petite paysanne, choisie par le Seigneur pour une grande Œuvre d'Église, le pape Pie XI – celui qu'on a appelé le « pape des Missions » et qui canonisa et proclama « patronne des Missions » Thérèse de Lisieux – célébrait un jubilé pour commémorer le dix-neuvième centenaire de « l'Institution de l'Eucharistie et de la Glorification du Père dans la mort et la résurrection de Jésus, son Fils unique ».

Quelque 30 ans plus tard, le Concile, instituant « le décret sur l'activité missionnaire de l'Église » déclarera : « Les chrétiens doivent se dévouer avec un soin spécial à l'éducation des enfants et des jeunes au moyen des écoles de toute sorte, qu'il faut considérer non seulement comme un moyen privilégié pour former et élever une jeunesse chrétienne, mais en même temps comme un service de très haute valeur pour les hommes, surtout pour les nations qui montent, pour élever la dignité humaine et préparer des conditions plus humaines » (n° 12).

Sur cet aspect missionnaire de l'Église, Marthe, comme Thérèse, sera également à l'avant-garde. Que l'on songe non seulement aux écoles de toute sorte au sein des *Foyers de Charité*, mais aussi aux *Foyers* eux-mêmes qui ne cessent de se répandre sur tous les continents du monde !

onzième jour

IL ME SEMBLE ÊTRE EN PARADIS

Toutes mes puissances sont renouvelées. Je ne sens plus mon corps, et mon âme unie à son céleste Époux reste sans pensée, sans mouvement, sans désir, jouissant en paix du Bien-Aimé qu'elle possède ; mon âme immergée dans l'Amour se liquéfie de douceur. La voilà silencieuse, mais quelle éloquence ! La voilà immobile, mais quel élan ! La voilà seule, mais quel univers ! Il me semble être en Paradis ! Dieu jouit de mon âme et je jouis de Dieu ! Mais silence, pourquoi expliquer ce mystère ! Je parle quand les paroles sont impuissantes à expliquer de telles faveurs ! La créature peut-elle expliquer ces attributs et ces œuvres d'Amour ! Me taire ! tel doit être mon langage..., me taire puisque les paroles rendent le son du néant (10 février 1936, V.G.).

10 février 1936, date capitale dans la vie et la mission de Marthe. Elle vient de reconnaître, en la personne de l'abbé Georges Finet, le prêtre que Dieu lui

avait déjà deux fois montré, pour fonder avec elle *l'Œuvre des Foyers de Lumière, de Charité et d'Amour*. Elle en fut tellement bouleversée et troublée qu'elle ne lui dit rien sur le moment en cette fin de matinée. Et elle en exprima toute son émotion, sachant qu'elle devait s'ouvrir totalement à ce prêtre quand il reviendrait : *Il me semble être en Paradis ! Dieu jouit de mon âme et je jouis de Dieu ! Mais silence, pour expliquer ce mystère !*

Le père Finet, lui-même, aimait bien raconter les circonstances de cette mémorable rencontre, surtout comment il avait accompagné une dame, amie de Marthe, qui lui apportait de Lyon un tableau de « Marie Médiatrice » demandé par Marthe elle-même. N'est-ce pas là le signe que la Mère de Dieu avait elle-même tout arrangé et qu'elle allait avoir un rôle primordial dans cette rencontre décisive ?

On comprend mieux aussi pourquoi, depuis son acte d'abandon de 1925, Marthe ait été si profondément « façonnée » par Jésus et sa Mère, dans l'Amour de l'Esprit Saint, pour « être la première pierre des Foyers ». Immolée à la ressemblance de Jésus sur la Croix en vivant activement les douleurs de Marie, Marthe peut désormais révéler à ce prêtre le secret de sa mission.

« Alors, racontera plus tard le père Finet, elle m'a expliqué :

Ce sera quelque chose de tout nouveau dans l'Église : ça ne s'est encore jamais fait. Ce sera du laïcat consacré, ce ne sera pas un ordre religieux. Elle m'a expliqué que *ces Foyers seront de grandes familles avec à leur tête un prêtre, et la très Sainte Vierge pour Mère. L'enseignement qui sera donné au cours des retraites, sera vécu par la communauté familiale, comme un témoignage d'unité et de prière auprès des retraitants.*

Marthe a ajouté : *les Foyers de Lumière, de Charité et d'Amour, auront un rayonnement dans le monde entier. Ils seront une réponse du Cœur de Jésus au monde après la défaite matérielle des peuples et de leurs erreurs sataniques.* Mais elle m'a dit que *ce serait après une intervention de la Sainte Vierge.* »

Certes Marthe n'évoque pas, elle-même, cette rencontre dans ses *notes* dictées, mais il est manifeste qu'elle s'en réjouit dans l'intime de son âme :

Ma vie, c'est comme se mouvoir dans l'Essence divine, s'identifier à l'Amour, en en ayant évidemment une conscience plus ou moins claire. Dans cette vérité, il me semble rencontrer tout Dieu et jouir de toutes ses divines perfections. Depuis quelque temps, mais surtout depuis quelques mois, il me semble avoir touché le but, le fond, le maximum… Et cela me fait vivre déjà dans l'éternité et voir les choses comme Dieu les voit Lui-même.

Le prochain degré de l'Amour me semble être celui de la céleste patrie. Mais je ne suis pas pressée, car c'est en Lui, mon Dieu et mon Tout, que je vis déjà, et sa divine Volonté, c'est toute ma vie… (M.T.).

Que Jésus se serve de tout pour jeter dans les âmes une semence féconde de vocations sacerdotales et de vie divine... Que chacun soit pleinement généreux et pleinement fidèle à sa mission : c'est ce que je demande par toute ma vie et c'est mon plus grand désir (3 août 1936).

Dans la rencontre du 10 février, Marthe avait dit à l'abbé Finet, « sur un ton de grande autorité », précise-t-il :

– Monsieur l'abbé, j'ai quelque chose à vous demander de la part du Bon Dieu.
– Quoi donc, Mademoiselle ?
– Monsieur l'abbé, c'est vous qui devez prêcher la première retraite.
– Moi ? Pourquoi moi ? Mais je ne suis pas du diocèse !
– Qu'est-ce que cela peut faire, puisque le Bon Dieu le veut !
– Ah ! c'est vrai, je n'y avais pas songé ! Eh bien ! j'accepte puisque vous me dites que le Bon Dieu le veut. Une retraite de trois jours ?
– Non, de cinq, car en trois jours on n'a pas le temps de former les âmes ; et dans le silence complet, car la Sainte Vierge le veut. Tous les obstacles tomberont, le Bon Dieu est avec vous.

La première retraite eut lieu dans l'école du 7 au

13 septembre 1936. Le 8, l'abbé Finet accompagne l'abbé Faure, curé de la paroisse, pour donner la communion à Marthe. Celle-ci, avant de recevoir des mains de l'abbé Finet la sainte hostie, lui dit pour la première fois : *Père*. Méditons ce que nous révèle Marthe de cette « première » communion donnée par le *Père des Foyers de Charité* :

Cette journée a vraiment été une journée d'Amour ! J'étais absorbée dans l'Amour. Je vivais dans l'Amour. Je souffrais dans l'Amour. Les coups résonnaient dans mon cœur et mon esprit volait en Dieu.

Les ravissements me révélaient les attributs divins. La puissance divine me donnait un nouvel être et la Volonté divine, règle de mon âme, m'identifiait à elle. Mon serment était d'aimer toujours. Une voix céleste me disait : « Oui tu aimeras, mais dans l'Amour souffrant. » Je répondis : « J'aimerai donc de l'Amour parfait, car c'est par la souffrance que se traduit l'Amour. » Le Seigneur ajouta : « Reste prisonnière ici-bas quelque temps encore. C'est ma Volonté. Il te faut vivre encore pour le salut d'une multitude d'âmes et ne cesser de travailler par mille œuvres à la gloire de mon Nom. » Et mon âme a scellé ce pacte. Oui, je souffrirai toujours pour toujours aimer.

Ce matin aux pieds de ma céleste Mère, j'ai expérimenté l'Amour parfait. Unie à son âme je m'envolais jusqu'au Trône de Dieu qui me combla des plus grandes faveurs. La certitude me fut donnée d'être du nombre des élus dans la vie éternelle et la bénédiction qui les rend bienheureux me pénétrait jusqu'au-delà de mes moelles. Le déluge de grâces n'a cessé de pleuvoir tout le long du jour où je ne vivais que d'Amour (V.G.).

C'est le 18 octobre de la même année 1936, que s'achèvent les *notes* dictées, sorte de « journal intime » commencé en 1927. Désormais Marthe partage sa mission avec le père Finet jusqu'au jour où Dieu la fera entrer dans la céleste patrie qu'elle aura si bien méritée sur la terre, le 6 février 1981 :

Maintenant, c'est l'abandon seul qui me guide et je n'ai point d'autre appui que l'Amour. Il m'est tout à fait indifférent de jouir ou de souffrir parce que la souffrance comme la mort a pour nom l'Amour. Aussi je ne sais plus rien demander avec ardeur, excepté l'accomplissement parfait de la Volonté de Dieu sur mon âme. Je n'ai faim et soif que d'une chose : que la Volonté cachée de Dieu s'accomplisse en moi dans toute son étendue et sa plénitude. Je n'ai plus faim et soif que de Dieu, que d'abandon à Dieu, que d'Amour de Dieu, que d'union vivante à Jésus-Hostie (T.L.).

Ma vie avec Dieu est un flux et reflux continuel, perpétuel, incessant : l'Océan d'Amour divin se donne à moi et je me donne, avec Jésus et Marie, à Dieu (P.J.).

Mais n'est-ce pas là la part la meilleure ? N'est-ce pas là la pleine voie de l'abandon et de l'Amour ? Oh, que je me sens bien sa petite chose, son petit rien, sa toute petite hostie de louange.

Oui je suis heureuse, heureuse, heureuse d'un bonheur au-dessus de tout sentiment, parce qu'il réside dans la confiance qui naît de la joie en son Amour. Je n'ai donc plus à m'inquiéter de rien, en rien, pour rien, puisque je suis toute à Dieu, que je vis de sa Vie, que j'aime de son Amour, dans son Amour et je suis toute perdue, toute fondue dans la Divinité, avec Marie et en Marie, ma bien-aimée Maman.

douzième jour

SEIGNEUR, RENOUVELEZ VOTRE PENTECÔTE

Seigneur, renouvelez votre première Pentecôte… Esprit Saint, Esprit d'Amour, venez tel un vent puissant… Apportez au monde la fraîcheur de votre souffle sanctifiant (26 mai 1939).

Le père Finet raconte sa longue conversation avec Marthe, du 10 février 1936. Il arrive seul à 14 heures : « Pendant la première heure Marthe me parla en termes profondément émouvants de la Sainte Vierge. Moi qui faisais des conférences mariales, j'étais ébloui de sa manière de parler de la Sainte Vierge. Elle l'appelait sa maman chérie ! Je supposais alors qu'elles se connaissaient bien toutes deux !

« À quinze heures, changeant de ton, elle se mit à me parler des grands événements qui allaient se dérouler dans le monde, les uns qui seraient très graves, douloureux, et les autres riches de grâces. Et pratiquement elle m'annonça *une nouvelle Pentecôte d'amour*, qui serait précédée d'un renouveau de l'Église. *L'Église,* dit-elle, *allait se rajeunir par l'apostolat des laïcs.* Elle m'a beaucoup parlé de ça. Elle m'a même dit : *les laïcs vont avoir un rôle très important à jouer. Ils seront formés dans des centres multiples, notamment dans des Foyers de Lumière, de Charité et d'Amour.*

« Plus tard, j'ai été frappé quand j'ai entendu le pape Pie XII, puis le pape Jean XXIII et le pape Paul VI parler d'un printemps de l'Église ou d'une nouvelle Pentecôte d'amour. Eh bien, Marthe m'a annoncé ça en 1936. Elle m'a dit que l'Église allait totalement se rénover. C'était le Concile qu'elle annonçait. Je ne savais pas bien ce qu'elle voulait dire. »

En 1933 déjà, Jésus lui-même avait fait entrevoir à Marthe d'une manière précise cette nouvelle Pentecôte d'amour par l'Œuvre des Foyers, à partir du Foyer de Châteauneuf : « *Les mêmes merveilles qu'aux premiers jours de mon Église s'y reproduiront et de plus grandes encore. Ma très sainte Mère, qui sera la Reine glorieusement aimée et écoutée en ce Foyer de mon Amour qu'elle conduira elle-même par sa présence toute maternelle, y connaîtra un véritable triomphe qui rejaillira au loin et sera connu des points les plus reculés de la terre.* »

On devine mieux, après avoir entendu ce que le Seigneur vient de lui dire pourquoi Marthe se trouve à la fois comblée et en attente de cette Pentecôte :

Je ne vois pas ce que j'aurai au Ciel de plus que maintenant. Je verrai Dieu face à face, c'est vrai, mais pour être avec Lui, pour être en Lui, j'y suis déjà pleinement sur la terre. L'apostolat n'est que le rayonnement de la vie divine dans nos âmes. Je me sers pour appuyer mon témoignage de ce que m'a révélé, il y a quelques années déjà, mon Bien-Aimé alors que je lui disais : « Puisque vous voulez que je sois clouée sur un lit de souffrance, montrez-moi ce que je dois faire… » Le Seigneur me répondit : « Tu es la victime de mon choix en qui je fais toutes mes Volontés saintes. Prie, mon enfant, expie, sacrifie-toi pour tous. Tu es sur ton lit pour aimer et glorifier Dieu, pour te sanctifier et me donner des âmes. Fais aimer mon Cœur eucharistique ! Rends-moi témoignage. Mets-toi tout entière au service de mon Amour et à la grande œuvre de ma Miséricorde. Fais entendre au monde mon Amour miséricordieux. Tu seras ma "Pâques", ma "Résurrection" dans les âmes comme je serai ta Pâques, ton passage de ce monde à mon Père… Prépare ma Pentecôte… » (A.M.).

Et Marthe se retrouve elle-même dans l'intimité de l'Amour de Jésus mourant sur la Croix. Elle sait qu'elle est, comme Marie, la *petite servante* qui veut compléter en sa chair, par la force de son amour, ce qu'exige l'Amour du Christ, qui manque à sa Passion rédemptrice de la part des humains. C'est ainsi qu'un chrétien enrichit le Corps mystique du Christ (cf. Col 1,24). Elle le sait et elle le veut ardemment pour préparer la nouvelle Pentecôte d'Amour :

…Souffrir dans l'Amour, ce n'est pas moins souffrir,

puisque l'Amour, dès qu'il est allumé en nous, nous plonge dans l'agonie, nous déchire le cœur, nous torture l'esprit, nous attache à la croix... Plus le calice se remplit d'amertume, plus l'âme vit et se réjouit en Dieu son Amour.

On ne renouvelle la Passion que dans la mesure où on a renouvelé l'Incarnation par la transformation de l'Amour. Puisque la souffrance elle-même est une joie et une joie profonde quand on aime : aimons, aimons, nous renouvellerons l'Incarnation... Aimons, nous renouvellerons la Passion... Aimons, nous renouvellerons la Résurrection et l'Amour de Dieu sur terre, et nous le glorifierons dans le ciel...

Être pour lui des humanités de surcroît en lesquelles Il renouvelle tous les mystères de sa vie et de sa mort, complétant en leur chair ce qui manque à sa Passion rédemptrice (14 mai 1934).

Le 30 septembre 1980, quelques mois avant son retour « dans la Maison du Père », Marthe déclarait à un membre du Foyer de Châteauneuf :

S'il n'y avait pas Marie, il n'y aurait pas l'Église. On peut dire : Marie et l'Église c'est tout un.

Nous pouvons dire également, en parlant des Foyers de Charité dans le Renouveau de l'Église : s'il n'y avait pas Marthe, il n'y aurait pas les Foyers de Charité. On peut dire : Marthe et les Foyers c'est tout un.

Bien des communautés nouvelles ont eu des relations précises avec Marthe Robin, entre autres :

— les *Petites Sœurs de Jésus,* disciples du père de Foucauld dont le procès de béatification est en cours. Communauté fondée en 1939 par la « petite sœur Magdeleine », cette dernière, après la mort de Marthe, dira à ses sœurs : « Ma visite (à Marthe) s'est passée le plus simplement du monde avec beaucoup de joie… Elle m'a encouragée dans ma voie d'amour et de petitesse à *devenir un petit enfant.* J'ai recommandé à ses prières chacune de vous. Elle est toute simple et souriante et cependant quelques heures après mon départ, c'était la Passion du Christ qu'elle allait souffrir. »

— les *Focolari,* fondés par Chiara Lubich en Italie pour « bâtir une civilisation de l'amour », après la dernière guerre. Une des membres témoigne de sa rencontre avec Marthe : «… Cela a été quelque chose de très fort et à la fin Marthe a conclu : *Je me sens comme saint Jean-Baptiste qui prépare les chemins du Seigneur, tandis que je vois que votre Œuvre est comme Marie, c'est Marie.* »

— *L'Arche* de Jean Vanier, formée de communautés de personnes handicapées avec leurs assistants, vivant dans la prière et l'entraide que l'on devine…

« Dès ma première rencontre et les rencontres qui ont suivi, dit Jean Vanier, il était évident que Marthe aimait beaucoup l'Arche. Elle était très attentive aux plus petits, aux plus handicapés. Elle avait un sens de la vocation de l'Arche dans l'Église et dans le monde, et de la vocation des personnes handicapées. »

— La communauté des *Béatitudes,* communauté du Renouveau charismatique, dont le fondateur, Frère Éphraïm, fut très aimé par Marthe qu'il considérait comme « une mère » : « Je n'ai pas rencontré une pythie dans cette chambre, dit-il.. Mais ce qu'elle m'a dit devait changer le cours de ma vie… En sortant de sa chambre, j'avais envie de danser, de courir sous le soleil. Oh ! quelle sensation de liberté ! »

— Bien des *groupes de prière du Renouveau charismatique* sont venus demander les prières de Marthe, principalement le groupe de *l'Emmanuel* dont un des fondateurs, Pierre Goursat, lui fut très attaché.

On voit maintenant se réaliser ce que Marthe pressentait dès que Jésus faisait pour ainsi dire les premiers mouvements de son Amour à l'intime de son âme, après son *acte d'abandon :*
Avec quel Amour, Jésus entoure ma vie souffrante !.. Il me semble qu'il me fait sentir, à cette heure, tout l'Amour et toutes les souffrances d'une vie entièrement livrée à son Bon Plaisir divin et qu'il imprime très fortement en moi l'Amour des intimes Douleurs de sa très Sainte Mère et de sa Passion rédemptrice et que je ne les comprends même plus… (date et source inconnues).

Comment ne pas penser que le vendredi 6 février 1981, au cœur même de sa passion hebdomadaire, le Seigneur Jésus et sa très sainte Mère Marie n'aient pas immédiatement introduit dans la gloire du Royaume la petite crucifiée d'Amour !

treizième jour

JÉSUS-CHRIST, LE LIVRE VIVANT DU CHRÉTIEN

> *Jésus est le livre vivant du Chrétien. Qu'on a à apprendre de Jésus au Calvaire ! de Jésus à la croix ! de Jésus prisonnier d'amour ! C'est Lui, mon livre unique. C'est lui qui m'a appris l'art divin de souffrir. Qui pourrais-je chercher hors de Celui qui est la Voie, la Vérité et la Vie. Il enseigne, guide, reprend, corrige* (19 octobre 1930).

> *« Je veux par toi continuer l'œuvre de ma Rédemption dans le monde tout entier. Je ne t'ai pas seulement choisie pour une multitude, mais je veux par toi, continuer l'œuvre de ma Rédemption dans le monde tout entier »* (le 3 juin 1941).

Il est remarquable de souligner que le désir exprimé par Jésus à Marthe, le 3 juin 1941, était comme une prophétie qui se réalise déjà par les foyers de charité répandus sur les cinq continents.

Nous sommes entrés depuis 1997 dans les années

préparatoires au Jubilé de l'An 2000, tant désiré par le pape Jean-Paul II. Comme il le dit : « La structure thématique de ces trois années, *centrée sur le Christ*, Fils de Dieu fait homme, ne peut être que théologique, c'est-à-dire *trinitaire.*

« La première année, 1997, consacrée à la réflexion sur le Christ, Verbe du Père, fait homme par l'action de l'Esprit Saint... Le thème général est "Jésus-Christ, unique Sauveur du monde, hier, aujourd'hui et à jamais" (cf. He 13,8) » (Lettre apostolique *À l'aube du IIIe millénaire* n° 39-40).

Ce sera la méditation de notre « treizième jour » de prière avec Marthe.

Centrer tout le mystère de notre Rédemption sur la personne de Jésus-Christ, l'unique Sauveur, n'est-ce pas ce que Marthe comprenait lorsque Jésus la voulait *comme Lui,* sur la croix ?

La vie de Marthe fut une « aspiration à la sainteté », précisément en communion intime avec Jésus, l'unique Rédempteur. Pendant plus de 50 ans, chaque semaine, elle a revécu sa Passion jusque dans sa Mort, à l'imitation de la Vierge des douleurs.

Tout chrétien arrivé dès ici-bas à la perfection de l'Amour est unique en sainteté : il a réalisé en sa propre personne le projet éternel de Dieu. « Car ceux que d'avance il a connus, il les a aussi destinés d'avance à être conformes à l'image de son Fils, pour qu'il soit un premier-né parmi de nombreux frères ; ceux qu'il a destinés d'avance, il les a aussi appelés ; ceux qu'il a appelés, il les a aussi justifiés ; ceux qu'il a justifiés, il les a aussi glorifiés » (Rm 8,29-30).

Cette vision de saint Paul s'applique, tout d'abord et d'une manière suréminente, à la prédestination de Celle qui, de par sa divine maternité, est si intimement unie au Fils « Premier-né ». En effet, « c'est lorsque le Saint-Esprit descendit sur la Vierge que le Christ fut conçu en elle » (concile Vatican II, décret sur l'activité missionnaire, *Ad gentes* n° 4).

Nous savons l'importance donnée par Marthe à la divine maternité de Marie (cf. supra, p. 62). De plus, elle a toujours compris dans le sens de saint Louis-Marie Grignion de Montfort la consécration des baptisés à la Mère de Dieu, notre Mère. Car Marie est le premier don que Jésus lui fait lorsqu'il la veut toute à Lui, en épouse consacrée. On peut dire en toute vérité que Marthe allait « à Jésus par Marie » parce que Marie ne cessait de lui être donnée par Jésus. Se laisser conduire par Marie était donc pour Marthe l'itinéraire spirituel le plus assuré pour répondre aux appels du Seigneur.

En définitive, c'est en raison de sa vie de victime d'amour qu'il convient de comprendre pourquoi Marthe, inspirée par l'Esprit, annonce une nouvelle Pentecôte pour l'Église, annonce reprise par tous les papes depuis Pie XII, Pentecôte d'amour qui se précise chaque jour davantage, malgré les obstacles à l'évangélisation du monde, en nos temps difficiles.

Marthe suivit avec ferveur tout le déroulement du Concile, ouvert par Jean XXIII précisément comme « une nouvelle Pentecôte ».

Un membre du Foyer de Châteauneuf rapporte que le 17 novembre 1964, elle lui avait dit : *Nous prions et espérons que le Saint-Père parlera avec force de la maternité de la Sainte Vierge dans l'Église et de sa médiation universelle, dans et par l'unique et souverain Médiateur Jésus.* Or, le lendemain, 18 novembre, le pape Paul VI déclara qu'il proclamerait Marie « Mère de l'Église », lors de la clôture de la 3e session, le samedi suivant, 21 novembre.

Après l'avoir fait, le pape ajouta : « Ce titre en vérité appartient à l'authentique substance de la dévotion à Marie, trouvant sa justification dans la dignité elle-même de la Mère du Verbe incarné. » Nous avons vu combien Marthe insistait sur la divine maternité de Marie pour comprendre son rôle maternel dans l'Église, rôle que doit exercer tout vrai chrétien à sa suite, car Jésus a dit : « Quiconque fait la volonté de Dieu, celui-là m'est un frère et une sœur et une mère » (Mc 3,35).

Paul VI ne parla pas, ce jour-là, de la médiation de Marie. Mais en signant la « constitution dogmatique sur l'Église » il approuvait ce qu'avaient dit les « Pères du Concile » : « L'unique médiation du Rédempteur n'exclut pas, mais suscite au contraire une coopération variée de la part des créatures, en dépendance de l'unique source. Ce rôle subordonné de Marie, l'Église le professe sans hésitation ; elle ne cesse d'en faire l'expérience ; elle le recommande au cœur des fidèles pour que cet appui et ce secours maternels les aident à s'attacher plus intimement au Médiateur et Sauveur » (*LG* n° 62).

Marthe avait aussi insisté sur le rôle suréminent, dans l'Église, de Marie médiatrice. D'avance, elle pensait, comme le fera Jean-Paul II, que la médiation maternelle de Marie était universelle.

Les foyers de charité sont avant tout des lieux où se réalise la conversion des cœurs. Il ne s'agit pas seulement des retours vers Dieu de ceux qui s'étaient éloignés de son amour, mais aussi de ceux qui tout en étant restés des chrétiens dits « pratiquants », vivaient une foi timide, et même craintive. Ils y retrouvent la liberté de l'amour filial à l'égard de Dieu, ce qui est une exigence plus grande, bien que moins contraignante, de la pratique de la Loi divine. Marthe avait toujours une parole de libération des esprits, sans aucun laxisme. Elle parlait dans le droit fil de la Parole de Jésus dans l'Évangile. Tous savaient qu'elle vivait un long calvaire ; mais ceux qui l'ont rencontrée savaient aussi, par expérience, qu'elle était à l'écoute de chacun, même lorsque sa réponse manifestait quelque sévérité, tellement elle avait le souci que personne ne quitte le chemin de l'espérance qui libère les cœurs.

Une fois encore, on voit combien Marthe est

présente en ces années préparatoires du grand Jubilé, commémorant la naissance de notre Sauveur. Date symbolique certes, mais tellement significative en ce commencement du troisième millénaire de l'ère chrétienne. Marthe nous aide à entrer dans ce nouveau siècle, comme Thérèse a été la sainte vénérée dès le début du siècle qui se termine. Non pas que Marthe remplace Thérèse ; bien au contraire – et les Foyers de charité sont là pour en témoigner : le règne de la liberté de l'amour dans l'Église, règne qui a détruit celui du rigorisme janséniste, règne dont Thérèse fut par l'Esprit Saint l'initiatrice, va s'épanouir, se dilater au fur et à mesure que vient la nouvelle Pentecôte, annoncée par Marthe dans les années du Jubilé du 19ᵉ anniversaire de notre Rédemption (1933). Dieu ne cesse de parler dans le cours de l'histoire des hommes. Entrons dans la prière, avec l'aide de Marthe, pour nous préparer à recevoir la grâce de ce Jubilé qui doit renouveler les forces de l'Église. Comme l'a déclaré le père Jacques Pagnoux : « Marthe Robin, une femme d'espérance pour le XXIᵉ siècle ».

Vraiment Dieu veut continuer par Marthe et les *Foyers de charité* son Œuvre de Rédemption dans le monde entier. Devenue invisible de par sa mort, Marthe est de plus en plus vivante dans le cœur de ceux qui ne la quittent pas dans la prière et l'amour du prochain.

quatorzième jour

VENEZ, ESPRIT DE LUMIÈRE ET D'AMOUR

Seigneur, envoyez-nous votre divin Esprit, pour qu'au contact de votre parole nos intelligences s'illuminent, pour que nos cœurs s'enflamment et tout notre être se consume comme une torche vivante dans la prière et l'immolation perpétuelle, afin de racheter par notre propre sanctification les errements de l'humanité pécheresse et de maintenir dans son sein un foyer d'amour toujours embrasé (Ascension 1932).

Divin consolateur de nos peines, charme précieux des fécondes solitudes, animateur de toutes nos joies, germe sacré de toute vie spirituelle, étendez sur tout l'univers votre immensité. Remplissez le monde de votre plénitude. Absorbez notre humaine substance dans le mystère de votre divine unité ; imprimez dans les cœurs le sceau des promesses du Père ; effacez toute ombre de nos fronts ; mettez sur toutes les lèvres l'ivresse du calice de Jésus, et bientôt toute une moisson de saints se lèveront dans la lumière (26 mai 1939, conclusion d'une longue prière à l'Esprit de Dieu).

« L'année 1998, *la deuxième année* de la phase préparatoire, est spécialement consacrée à *l'Esprit Saint* et à sa présence sanctificatrice à l'intérieur de la communauté des disciples du Christ. [...] L'Esprit actualise dans l'Église de tous les temps et de tous les lieux la Révélation unique apportée par le Christ aux hommes la rendant vivante et efficace dans l'âme de chacun » (Jean-Paul II, *Ibid.* n° 44).

« Le dernier jour de la fête (des Tentes), le grand jour, Jésus, debout, s'écria : "Si quelqu'un a soif qu'il vienne à moi et qu'il boive, celui qui croit en moi ; selon le mot de l'Écriture : 'De son sein couleront des fleuves d'eau vive'. " Il parlait de l'Esprit que devaient recevoir ceux qui avaient cru en Lui ; car il n'y avait pas encore d'Esprit, parce que Jésus n'avait pas encore été glorifié » (Jn, 7,37-39).

Effectivement, le soir même de sa résurrection, Jésus vint vers ses disciples et leur dit : « Comme le Père m'a envoyé, moi aussi je vous envoie. » Ayant dit cela, il souffla sur eux et leur dit : « Recevez l'Esprit Saint. Ceux à qui vous remettrez les péchés, ils leur seront remis ; ceux à qui vous les retiendrez, ils leur seront retenus » (Jn 20,21-23). Le premier geste de Jésus Ressuscité est précisément de donner aux apôtres l'Esprit

Saint pour la rémission des péchés, pouvoir divin par excellence.

La veille de sa mort, Jésus avait donné à ses mêmes disciples le pouvoir de refaire son geste de changer le pain et le vin en son corps et en son sang lorsqu'il leur dit : « Faites ceci en mémoire de Moi. »

Marthe, comme Thérèse, avait pour les prêtres une immense considération. Rappelons-le (cf. supra, p. 31) : à un prêtre qui lui demandait de lui donner un petit linge taché de son sang, elle répondit avec douceur mais fermeté qu'à chacune de ses messes, il rendait lui-même présent le Corps et le Sang de Jésus !

Au terme de ma première rencontre, le 31 décembre 1945, elle me demanda de la bénir. Je lui dis : « Mademoiselle, ce serait plutôt à moi de vous demander de me bénir. » – « *Mon père, je vous en prie, veuillez me bénir, vous êtes prêtre !* » J'ai pris conscience en cette réplique de la si haute et mystérieuse dignité de mon sacerdoce. Ce qui m'a vivement encouragé à célébrer la messe quotidiennement, d'autant que je lui ai promis, dès ce jour-là, de prier à ses intentions en chacune de mes eucharisties.

Dans ce sacrement, Marthe avait un sens aigu de la présence de l'Esprit Saint qui donnait un tel pouvoir à un homme baptisé, appelé par Dieu à participer d'une manière spécifique à l'unique Sacerdoce du Christ ressuscité, à la suite des Apôtres.

D'où l'actualité de sa prière à Dieu, du 26 mai 1939, qui commence ainsi :

Seigneur, envoyez votre Esprit et tout sera créé, et Vous renouvellerez la face de la terre. Seigneur, renouvelez votre première Pentecôte. Accordez, Jésus, à tous vos bien-aimés prêtres, la grâce du discernement des esprits, comblez-les de vos dons, augmentez leur amour, faites de tous de vaillants apôtres et de vrais saints parmi les hommes.

Marthe vécut le mystère pascal, sur le modèle de la Mère de Dieu, pendant plus de 50 ans, chaque semaine, à partir du jeudi soir, à l'heure de l'agonie de Jésus. On est en droit d'affirmer que, comme les plus grands saints, surtout les martyrs, elle fit l'expérience de la présence en elle de l'Esprit Saint, Esprit du Christ ressuscité. C'est pourquoi elle fut toujours une lumière et une force auprès de ceux qui venaient la visiter, non pas comme une pythie que l'on consulte, mais comme celle que l'Esprit Saint nous a donnée pour nous aider à vivre notre vie de baptisés. Il est à noter que c'était normalement au cours d'une retraite hebdomadaire faite entre membres de l'Église, prêtres et laïcs, que chacun était invité à la rencontrer. Ce qui souligne encore que Marthe avait déjà compris combien l'Esprit Saint est « pour notre époque l'agent principal de la nouvelle évangélisation » (Jean-Paul II, *Ibid.* n° 45).

On sait qu'elle a accueilli près de cent mille personnes, individuellement ou en un tout petit groupe. Nous comprenons mieux maintenant dans quelles dispositions elle savait répondre aux besoins de chacun.

Elle se sentait comme au Cénacle « en prière avec Marie, la Mère de Jésus » (Ac 1,14) pour supplier son Fils glorifié de faire descendre l'Esprit Saint sur tous les retraitants et chacun d'eux.

À un membre du Foyer, venu la voir avant de commencer sa retraite de communauté :

Je prierai pour vous, beaucoup, pour tous les retraitants. J'appellerai le Saint-Esprit afin qu'Il vienne en tous, en tous. Il faut demander au Saint-Esprit de conserver en votre cœur ce trésor : les grâces de la retraite. Il faut beaucoup prier le Saint-Esprit : c'est Lui qui fera la retraite en vous. Tant que c'est soi-même qui prie, ce n'est pas encore de la prière ; mais quand c'est le Saint-Esprit qui prie en vous, voilà la vraie prière (1965).

Nous ne comprendrons jamais assez ce qu'est la grâce primordiale du Jubilé : « la redécouverte de la présence et de l'action de l'Esprit. Il agit dans l'Église par les sacrements, surtout par la *Confirmation* », dit Jean-Paul II (*Ibid.*).

En annonçant un renouvellement de la Pentecôte pour notre temps, Marthe non seulement entrait d'avance dans la grâce du deuxième Concile du Vatican, mais aussi voulait faire entrer *en mission dans l'Église* ceux que le Seigneur envoyait dans les *Foyers de charité* et comme membres permanents et comme retraitants. C'est l'effet même du sacrement de confirmation, don divin de la première Pentecôte des Apôtres. Ce « baptême dans l'Esprit Saint » est déjà réalisé dans le baptême de l'eau, mais trouve sa perfection lorsque le baptisé reçoit la confirmation des mains de l'évêque, successeur des Apôtres. Aujourd'hui, et de mieux en mieux, nous percevons ce que dit saint Paul : « Il y a diversité de dons spirituels, mais c'est le même Esprit ; diversité de ministères, mais c'est le même Seigneur ; diversité d'opérations, mais c'est le même Dieu qui opère toutes choses en tout. À chacun la manifestation de l'Esprit est donnée en vue du bien commun » (1 Co 12,6-7). Bref, grâce à l'Esprit Saint qui se manifeste de plus en plus dans l'Église, les chrétiens vivent tournés vers l'avenir ; ils retrouvent ce qui avait été la mystique des Apôtres et des chrétiens des tout premiers siècles de l'Église : « l'attente du Christ qui vient bientôt ». La foi des chrétiens depuis le concile trouve sa dynamique dans cette certitude d'avenir : le retour du Christ dans sa gloire. Dans la réforme de la liturgie, l'Église évoque au cœur de l'Eucharistie non seulement la mort et la résurrection de Jésus mais aussi sa venue glorieuse que nous attendons.

Pour bien se préparer à ce grand Jubilé, les croyants sont donc invités à redécouvrir l'Esprit Saint qui engage l'Église tout entière dans la certitude concrète du Christ qui revient. C'est en vue de ce « retour » dont nous ne savons pas la date non plus que les Apôtres, que Marthe a fondé, de la part du Seigneur lui-même, les *Foyers de Lumière, de Charité et d'Amour*. Rien de spectaculaire, mais dans l'intimité des cœurs, l'Esprit vient *éclairer l'avenir incertain de beaucoup et raffermir ceux qui hésitent encore dans les voies divines,* tel est le vœu le plus cher de Marthe dans l'annonce d'une nouvelle Pentecôte.

Dans son encyclique *L'Esprit Saint dans la vie de l'Église et du monde* (mai 1986), Jean-Paul II disait :

« Il y a depuis quelques années un nombre croissant de personnes qui, dans des mouvements ou des groupes toujours plus développés, mettent la prière au premier plan et y cherchent le renouveau de la vie spirituelle. C'est là un fait significatif et réconfortant, puisque cette expérience apporte une contribution réelle à la reprise de la prière parmi les fidèles, aidés à mieux considérer l'Esprit Saint comme Celui qui suscite dans les cœurs une profonde aspiration à la sainteté » (n° 65).

Nous savons que Marthe attirait ceux qui « aspiraient à la sainteté » par la pratique de la prière. Elle les comprenait et savait les encourager à vivre sous la conduite de l'Esprit, en les accompagnant de ses propres prières, dans l'offrande discrète de ses souffrances. Marthe vivait au cœur de l'Église.

quinzième jour

DIEU EST PÈRE ET MÈRE TOUT À LA FOIS

Levons les yeux vers les régions de l'Amour infini. C'est là qu'on apprend le mystérieux secret des larmes et à bénir la main incompréhensible de Dieu ineffablement Bon, qui bénit toujours quand même elle frappe et qu'elle brise ses serviteurs et ses élus.

Oh, que nous connaissons peu le Cœur si aimant du Bon Dieu, le Cœur si tendre de notre Père des cieux. Qu'elles sont différentes et nombreuses aussi les voies par lesquelles Dieu amène les âmes à Lui. Qui peut dire ses miséricordes et ses divines compassions au lit de mort de ses serviteurs et de tous ses enfants ? Ah ! que nous sommes chers à Dieu ! Que nous sommes chers au Cœur de Jésus !

Dans les ombres de la dernière heure, alors que l'œil ne discerne plus rien, que la voix est éteinte, quand il faut mettre la main sur le cœur du patient pour se rendre compte s'il y a encore un peu de vie, qui peut savoir ce qui se passe entre l'âme et son Dieu ?

Qui peut dire avec quelle tendresse Il l'appelle ? Jésus nous dit et nous redit sans cesse que toute grâce nous sera accordée si nous avons une foi sincère. Quand donc irai-je à mon tour me désaltérer aux sources intarissables de la Lumière et de l'Amour ? Quand vous le voudrez, ô mon Dieu (2 juillet 1930).

« L'année 1999, troisième et dernière année préparatoire, servira à élargir les horizons des croyants selon la perspective même du Christ : la perspective du Père qui est aux cieux, par qui il a été envoyé et vers qui il est retourné (cf. Jn 16,28). "La vie éternelle, c'est qu'ils te connaissent, toi, le seul véritable Dieu et celui que tu as envoyé, Jésus-Christ" (Jn 17,3). Toute la vie chrétienne est comme un grand *pèlerinage vers la maison du Père*, dont on retrouve chaque jour l'amour inconditionnel pour toutes les créatures humaines, et en particulier pour le "fils perdu" (cf. Lc 15,11-32). Ce pèlerinage concerne la vie intérieure de chaque personne. Il implique la communauté croyante et enfin inclut l'humanité entière » (Jean-Paul II, *À l'aube du IIIe millénaire*, n° 49).

Une amie très chère de Marthe vient de mourir. C'était une personne qui avait vécu vraiment dans l'amour de Dieu et du prochain. Le cœur de Marthe saigne.

Elle nous donne, sur le terme du pèlerinage vers la maison du Père, un enseignement précieux que nous venons de lire au début de ce 15ᵉ et dernier jour de notre prière avec elle. Mais Marthe ne se fixe pas sur le départ de son amie ; elle élargit au contraire son regard sur tous les humains au terme de leur pèlerinage terrestre, surtout sur ceux qui sont éloignés de l'amour de Dieu qu'ils ne connaissent pas comme leur Père.

En tous les temps certes, mais pour nous qui vivons une époque où les hommes et les femmes ont tellement besoin de « conversion authentique », comme le souligne Jean-Paul II (*Ibid.* n° 50), nous comprenons l'urgence d'une « civilisation de l'amour ».

Ce fut la raison principale de la demande à Marthe, par le Seigneur lui-même, d'ouvrir des *Foyers de Charité*. En effet, la conversion des cœurs ne se fait pas normalement sans un temps de retraite, à l'écart de la vie quotidienne, pour que chacun se mette à l'écoute de l'Esprit de Dieu. La première retraite faite dans un foyer est précisément nommée « retraite fondamentale », où l'enseignement donné par un prêtre qualifié présente les vérités essentielles que tout chrétien doit connaître en tant que baptisé. Le père Finet, à la suite de Marthe, avait compris que deux conditions étaient nécessaires au succès de la retraite : un solide enseignement pour l'approfondissement de la Foi et le silence continuel pour bien entendre l'Esprit dans l'intimité du cœur.

Marthe, nous l'avons vu, accompagnait de ses prières chacun des retraitants. Mieux encore : elle les prenait pour ainsi dire en charge par l'offrande de ses propres souffrances, de sorte que celui qui venait lui demander des prières sentait monter en son cœur consolation et joie, même si sa vie était moralement troublée. Combien de témoignages en ce sens !

Dans les visites que je lui ai faites, elle ne s'est jamais présentée en faisant état de ses souffrances, pourtant réelles je le savais, mais en manifestant toujours sa joie de vivre avec Dieu comme une enfant du Père : *Non seulement Dieu est Père, mais il est Mère tout à la fois.* Elle commentait ainsi le mot le plus révélateur du mystère de Dieu en saint Jean : « Dieu est amour » (1 Jn 4,8 et 16). Oui, *Dieu fait tout par amour. Que demande-t-il de nous si ce n'est de l'aimer. Ô mon Dieu, donnez-moi, donnez-moi chaque jour, de faire un pas dans votre amour* (5 mai 1930).

En cette dernière année préparatoire du Jubilé, Jean-Paul II nous demande de nous rappeler que Jésus est venu « annoncer la Bonne Nouvelle aux pauvres » (Mt 11,5 ; Lc 7,22). Marthe ne cessait de mettre en pratique cette demande de Jésus. En cela aussi et surtout, elle nous montre sa vraie charité. Avant de perdre l'usage de ses mains, elle faisait de la belle broderie qu'elle vendait, parce qu'elle ne voulait pas être une lourde charge à sa famille, en raison des médicaments très coûteux qu'elle devait prendre. Mieux encore, durant toute sa vie, avec les dons qu'elle recevait, en espèces et en nature, elle faisait confectionner des petits colis destinés à des pauvres, de toutes catégories, jusqu'à des prisonniers si souvent dans l'abandon. Elle y tenait énormément : preuve d'une charité qui ne se contente pas de bonnes paroles mais d'actes bien concrets.

En cela aussi Marthe ne faisait que vivre à l'unisson du cœur de Marie, « la fille de prédilection du Père » qui proclame dans son *Magnificat* : « Le Puissant fit pour moi des merveilles : Saint est son nom ! Son amour s'étend d'âge en âge sur ceux qui le craignent. Déployant la force de son bras, il disperse les orgueilleux. Il renverse les puissants de leurs trônes, *Il élève les humbles* ; *Il comble de biens les affamés*, renvoie les riches les mains vides... »

C'est avec le *Magnificat* de Marie que Marthe a vécu ici-bas son chaleureux abandon à Dieu en son Fils bien-aimé, l'unique Sauveur, son époux. Nous l'avons compris en ces 15 jours de prière avec elle.

Mais la mission de Marthe ne s'est pas arrêtée avec sa mort, le 6 février 1981, au cœur de sa passion hebdomadaire. Dans l'au-delà, Marthe et Thérèse demeurent ensemble de très vivantes et actives enfants du Père, en union avec Jésus et sa Mère.

Pour clore cette dernière journée de prière avec Marthe, il est bon de l'écouter. Sa mission ne se limite pas à ceux et celles qu'elle a connus ici-bas, mais s'étend à tous ceux vers qui, jusqu'à la fin des temps, Dieu voudra bien l'envoyer :

Si je dois quitter ce monde par la mort la plus terrifiante, la plus crucifiante, elle peut venir, je serai préparée à suivre son captivant appel et quand le ciel s'ouvrira pour m'accueillir, j'oserai alors penser que c'est bien mon tour de tomber pour toujours dans les bras de mon Père. Il me semble qu'au ciel je serai tout près de ceux que j'aurai aimés, de tous ceux qui m'ont fait du bien, surtout celui de m'avoir guidée vers le Bon Dieu...

Je continuerai ma belle mission de « faire aimer l'Amour », de semer des vocations surnaturelles. Il me semble que mon désir ira toujours grandissant depuis ma mort jusqu'à la fin des temps, mon brûlant désir de faire descendre sur tous, les trésors inépuisables de ma Mère Immaculée et d'ouvrir par elle à toutes les âmes les celliers divins. De là-haut j'ai l'intuition que je les entendrai mieux, que je ferai mieux encore... La Sainte Vierge ne me quitte plus maintenant (25 mars 1932, vendredi saint).

POUR CONCLURE

Voici la prière donnée par Marthe et récitée dans les *Foyers de Charité* après chaque communion. C'est une prière à Marie à la gloire de la Trinité, dans l'Unité, du Père, du Fils et de l'Esprit, le Mystère des mystères, qui fera l'objet de la contemplation des chrétiens en l'année même du Jubilé, l'An 2000 :

> *Ô Mère Bien-Aimée, Vous qui connaissez si bien les voies de la Sainteté et de l'Amour, apprenez-nous à élever souvent notre esprit et notre cœur vers la Trinité, à fixer sur Elle notre respectueuse et affectueuse attention. Et puisque vous cheminez avec nous sur le chemin de la vie éternelle, ne demeurez pas étrangère aux faibles pèlerins que votre charité veut bien recueillir ; tournez vers nous vos regards miséricordieux, attirez-nous dans vos clartés, inondez-nous de vos douceurs, emportez-nous toujours plus loin et très haut dans les splendeurs des cieux. Que rien ne puisse jamais troubler notre*

paix, ni nous faire sortir de la pensée de Dieu ; mais que chaque minute nous emporte plus avant dans les profondeurs de l'auguste Mystère, jusqu'au jour où notre âme pleinement épanouie aux illuminations de l'union divine verra toutes choses dans l'éternel Amour et dans l'Unité. Amen.

BIBLIOGRAPHIE

De nombreux ouvrages concernant Marthe Robin ont paru depuis son décès, le 6 février 1981. Le premier de tous et qui a été écrit en liaison étroite avec le père Finet, est celui de **Raymond Peyret** : *Marthe Robin, la croix et la joie,* éditions Peuple Libre, 1981. Le même auteur a écrit : *Prends ma vie Seigneur,* aux mêmes éditions, qui présente l'itinéraire spirituel de Marthe, 1985, 2ᵉ édition, 1994. Beaucoup d'écrits concernant Marthe Robin ont comme principale source d'information les ouvrages de Raymond Peyret.

Plusieurs ouvrages donnent leur propre témoignage :
Jean Guitton : *Portrait de Marthe Robin,* Grasset, 1985. Ce philosophe chrétien, de grand renom, a bien connu Marthe cette petite paysanne qui, dit-il, l'avait « attiré par son génie ».

Ephraïm : *Marthe,... une ou deux choses que je sais d'elle...,* éditions des Béatitudes, 1990. Ephraïm est le fondateur d'une communauté nouvelle : « Les Béatitudes » ; il donne un témoignage émouvant sur Marthe, qui nous aide à prier avec elle.

Marcel Clément : *Pour entrer chez Marthe,* Fayard, 1993. Pendant trente-cinq ans, il a été l'un des amis les plus intimes de Marthe. Philosophe chrétien et sociologue, il l'a interrogée et surtout écoutée.

Docteur Alain Assailly : *Marthe Robin, témoignage d'un psychiatre,* éditions de l'Emmanuel, 1996. Cet ouvrage constitue un apport fort utile et nouveau à l'histoire spirituelle du XXe siècle.

Un ouvrage doit être mentionné comme ayant une importance toute particulière, celui de **Jacques Pagnoux** : *Marthe Robin, une femme d'espérance pour le XXIe siècle,* Fayard 1995. L'auteur, aujourd'hui décédé, fut père directeur d'un Foyer de Charité en Afrique et pendant longtemps, aux côtés du père Finet, un confident de Marthe. Il nous montre comment, au-delà des Foyers de charité, la mission de Marthe concerne l'Église tout entière et comment sa spiritualité est prophétique pour nous, à l'aube de ce nouveau millénaire…

Mon ouvrage : *Marthe Robin, sous la conduite de Marie, 1925-1932, – extraits de ses notes,* Éditions Saint-Paul, 1995. Je ne connaissais pas alors l'ouvrage de Jacques Pagnoux.

Mentionnons le périodique officiel de l'Œuvre des Foyers de Charité, *L'Alouette,* fondé en 1964 : **Numéro spécial Marthe Robin** (août-septembre 1981) ; **cinquantenaire des Foyers** (mars et décembre 1986). Cet organe bimestriel est publié au Foyer de Châteauneuf-de-Galaure.

TABLE DES MATIÈRES

Du même auteur 4
Source des textes cités 7
   Sigles 8
Aperçu chronologique de la vie de Marthe Robin 9
Comment je suis entré dans la prière de Marthe 15

1. *Toute à vous, ô mon Dieu* 24
2. *Veux-tu être comme moi ?* 30
3. *Sur la croix, missionnaire d'amour* 36
4. *L'hostie reçue, un feu qui brûle* 42
5. *Pardonnez-moi, mon Dieu, ô mon Père* 48
6. *La joie dans la croix* 54
7. *Suivons Jésus avec Marie, sa mère* 60
8. *Par Jésus toute marquée des douleurs de Marie* ... 66
9. *Allons donc à Marie, notre mère* 73
10. *Dieu veut avoir besoin de moi* 79
11. *Il me semble être en paradis* 85
12. *Seigneur, renouvelez votre Pentecôte* 92
13. *Jésus-Christ, le livre vivant du chrétien* 99

14. *Venez, Esprit de lumière et d'amour* 105
15. *Dieu est père et mère tout à la fois* 112

Pour conclure 118
Bibliographie 120
Table des matières 123
Dans la même collection 125

DANS LA MÊME COLLECTION

1. Philippe Ferlay, *Le Christ-Prêtre*
2. Gabriel-Marie Garrone, *Le Concile Vatican II* (traduit en portugais au Portugal)
3. Claude Morel, *François de Sales* (4ᵉ édition, traduit en anglais aux États-Unis, en italien, en polonais, en tchèque, et en anglais en Inde) – fête le 24 janvier
4. Constant Tonnelier, *Jean de la Croix* (4ᵉ édition, traduit en anglais aux États-Unis, en italien, en polonais, en portugais au Portugal et en tchèque) – fête le 14 décembre
5. Georges Rotheval, *Marie Noël* (2ᵉ édition)
6. André Pinet, *Jean Tauler* (traduit en anglais aux États-Unis, en croate et en tchèque)
7. Robert Schiélé, *Don Bosco* (2ᵉ édition, traduit en anglais aux États-Unis, en italien, en polonais et en tchèque) – fête le 31 janvier
8. Suzanne Vrai et André Pinet, *Thomas d'Aquin* (traduit en anglais aux États-Unis et en portugais au Portugal) – fête le 28 janvier
9. Pierre Blanc, *Le Curé d'Ars* (4ᵉ édition, traduit en anglais aux États-Unis, en polonais, en portugais au Brésil et en portugais au Portugal) – fête le 4 août
10. André Gozier, *Maître Eckhart* (2ᵉ édition, traduit en anglais aux États-Unis, en croate, en tchèque et en polonais)
11. Jean Abiven, *Thérèse d'Avila* (3ᵉ édition, traduit en anglais aux États-Unis, en espagnol, en hongrois, en portugais au Portugal, en portugais au Brésil et en coréen) – fête le 15 octobre
12. André Dupleix, *Pierre Teilhard de Chardin* (3ᵉ édition, traduit en anglais aux États-Unis, en italien et en portugais au Portugal)
13. Thaddée Matura, *François d'Assise* (3ᵉ édition, traduit en anglais aux États-Unis, en italien, en espagnol, en polonais, en tchèque, en portugais au Portugal et en portugais au Brésil) – fête le 4 octobre

14. André Gozier, ***Saint Benoît*** (traduit en anglais aux États-Unis et en italien) – fête le 11 juillet
15. Pierre-Yves Émery, ***Saint Bernard*** (3e édition, traduit en anglais aux États-Unis) – fête le 20 août
16. Michel Lafon, ***Charles de Foucauld*** (3e édition, traduit en anglais aux États-Unis, en hongrois, en italien, en polonais et en tchèque)
17. Jean-Marie Ségalen, ***Alphonse de Liguori*** (traduit en anglais aux États-Unis, en arabe, en portugais au Brésil et en lituanien) – fête le 1er août
18. Jaime García, ***Saint Augustin*** (3e édition, traduit en anglais aux États-Unis, en espagnol, en lituanien, en polonais, en tchèque et en italien) – fête le 28 août
19. Constant Tonnelier, ***Thérèse de Lisieux*** (3e édition, traduit en anglais aux États-Unis, en polonais et au Brésil en portugais) – fête le 1er octobre
20. Chantal van der Plancke et André Knockaert, ***Catherine de Sienne*** (2e édition, traduit en anglais aux États-Unis, en arabe, en italien, en letton, en lituanien, en néerlandais, en polonais, en portugais au Portugal, en roumain et en tchèque) – fête le 29 avril
21. Véronique Pinardon et Jean Bulteau, ***Louis-Marie Grignion de Montfort*** (traduit en anglais aux États-Unis, en lituanien, en polonais et en tchèque) – fête le 28 avril
22. Gérard Dufour, ***Marguerite-Marie*** – fête le 16 octobre
23. André Gozier, ***Thomas Merton*** (traduit en anglais aux États-Unis, en polonais et en tchèque)
24. Cardinal Paul Poupard, ***Paul VI*** (traduit en italien)
25. Marc Donzé, ***Maurice Zundel*** (4e édition, traduit en roumain et en tchèque)
26. Joseph Pyronnet et Charles Legland, ***Gandhi*** (traduit en italien et en tchèque)
27. François Vayne, ***Bernadette*** (2e édition, traduit en anglais aux États-Unis) – fête le 18 février
28. Matthieu Arnold, ***Luther*** (traduit en italien)
29. Bernard Pitaud, ***Madeleine Delbrêl*** (2e édition, traduit en italien)
30. Christian Delorme, ***Martin-Luther King***
31. Michel Lafon et les Petites Sœurs de Jésus, ***Petite Sœur Magdeleine de Jésus*** (traduit en tchèque)
32. Benoît Lobet, ***Georges Bernanos*** (traduit en tchèque)
33. Henri-Marie Manteau-Bonamy, ***Marthe Robin*** (3e édition)
34. Jacques Gauthier, ***Patrice de La Tour du Pin***
35. Benoît Rivière, ***Edmond et Marie Michelet*** (2e édition)

36. Marie-Thérèse DE MALEISSYE, *Marie de la Passion* (fondatrice des Franciscaines Missionnaires de Marie) (traduit en anglais en Inde, en arabe, en espagnol et en vietnamien)
37. Didier DASTARAC, *Jeanne d'Arc* – fête le 30 mai
38. Alain QUILICI, *Saint Dominique* (traduit en anglais aux États-Unis) – fête le 8 août
39. Jean ROCHE, *Marcellin Champagnat* (fondateur des Frères Maristes) – fête le 6 juin
40. Marie-Thérèse BOULINGUIER et Marie-Françoise TOULOUSE, *Nicolas Barré* – fête le 21 octobre
41. Gilles BEAUDET, *Jean-Baptiste de La Salle* (traduit en italien) – fête le 7 avril
42. Francine de LA GORCE, *Le père Joseph Wresinski* (fondateur du Mouvement ATD Quart Monde)
43. François BÉCHEAU, *Ignace de Loyola* (2e édition, traduit en espagnol) – fête le 31 juillet
44. Jean RÉMY, *Élisabeth de la Trinité* (2e édition) – fête le 8 novembre
45. Jean-Pierre RENOUARD, *Saint Vincent de Paul* (2e édition) – fête le 27 septembre
46. Michel DUPUIS, *Edith Stein* (traduit en espagnol) – fête le 9 août
47. Jean-François de LOUVENCOURT, *Le père Kolbe* – fête le 14 août
48. Jean-François SOUBRIER, *Sainte Jeanne de France* – fête le 4 février
49. Roger BICHELBERGER, *Guillaume-Joseph Chaminade* (fondateur de la Famille marianiste) – fête le 22 janvier
50. Cardinal ETCHEGARAY, *Jean XXIII* – fête le 11 octobre
51. Jean-François PETIT, *Emmanuel Mounier*
52. Jean-Marie LÉVRIER-MUSSAT, *Mgr Rodhain* (fondateur du Secours Catholique)
53. Bernard DULLIER, *Eugène de Mazenod* (fondateur des Oblats de Marie Immaculée, évêque de Marseille) – fête le 21 mai
54. Une moniale de la Chartreuse Notre-Dame, *Saint Bruno* (fondateur des Chartreux) – fête le 6 octobre
55. Marie-France BECKER, *Claire d'Assise* (2e édition, traduit en italien) – fête le 11 août
56. Jean-François de LOUVENCOURT, *François et Jacinthe de Fatima* (traduit en portugais au Portugal) – fête le 20 février
57. Jean-Dominique DUBOIS, ofm, *Padre Pio* (2e édition, traduit en portugais au Portugal) – fête le 23 septembre

58. Marie-Thérèse ABGRALL, *Madeleine Daniélou* (traduit en polonais)

59. Guillaume DERVILLE, *Josémaria Escriva* (traduit en espagnol, en italien et en portugais au Portugal) – fête le 26 juin

60. Madeleine BOURCEREAU et Marie-Thérèse TOULOUSE, *Le père Jacques Sevin* (fondateur du scoutisme catholique)

61. Jean ALLEMAND, *Henri Caffarel* (fondateur des Équipes Notre-Dame)

62. André MAYOR, *Jules Chevalier* (fondateur des Missionnaires du Sacré-Cœur)

63. Gabrielle NOËL o.s.u., *Marie Guyart de l'Incarnation* (mère de l'Église canadienne) – fête le 30 avril

64. Philippe BAUD, *Nicolas de Flue* – fête le 25 septembre

65. Maxime EGGER, *Silouane* – fête le 24 septembre

66. François BÉCHEAU s.j., *François Xavier* – fête le 3 décembre

67. Pio MURAT et Valentin STRAPPAZZON, *Antoine de Padoue* – fête le 13 juin

69. Jean-Marie SÉGALEN, *Joseph Passerat* (rédemptoriste surnommé « le grand priant »)

70. Michel LAFON, *Jeanne Jugan* – fête le 30 août

71. Yves LEDURE, *Léon Dehon* (fondateur des Prêtres du Sacré-Cœur)

72. Marie-Jo HAZARD, *Dom Helder Camara*

73. Arsène AUBERT, *François Libermann* (deuxième fondateur des Spiritains)

74. Pierre MICHALON, *L'abbé Paul Couturier* (apôtre de l'unité des Chrétiens)

75. Jean-Paul PÉRIER-MUZET, *Emmanuel d'Alzon* (fondateur des Assomptionnistes)

Cet ouvrage a été reproduit et achevé d'imprimer par l'Imprimerie Floch à Mayenne en mars 2003 pour le compte des Éditions Nouvelle Cité, 37, avenue de la Marne, 92120 Montrouge.

TROISIÈME ÉDITION

ISBN 2-85313-340-0. N° d'impr. 56786. D. L. : mars 2003.
(Imprimé en France)